本书的出版得到"中央高校基本科研业务费专项资金"资助，项目批准号2021SRZ09（北京林业大学人文社科振兴专项重点项目："森林康养服务设计探索研究"）。

森林康养服务设计

程旭锋◎著

吉林出版集团股份有限公司
全国百佳图书出版单位

图书在版编目（CIP）数据

森林康养服务设计 / 程旭锋著 . -- 长春 : 吉林出版集团股份有限公司 , 2022.11
ISBN 978-7-5731-2815-7

Ⅰ . ①森… Ⅱ . ①程… Ⅲ . ①森林生态系统－医疗保健－服务业－研究 Ⅳ . ① F719.9

中国版本图书馆 CIP 数据核字 (2022) 第 231819 号

森林康养服务设计
SENLIN KANGYANG FUWU SHEJI

著　　者	程旭锋	
责任编辑	关锡汉	
封面设计	李　伟	
开　　本	710mm×1000mm	1/16
字　　数	203 千	
印　　张	11.25	
版　　次	2023 年 9 月第 1 版	
印　　次	2023 年 9 月第 1 次印刷	
印　　刷	天津和萱印刷有限公司	

出　　版	吉林出版集团股份有限公司
发　　行	吉林出版集团股份有限公司
地　　址	吉林省长春市福祉大路 5788 号
邮　　编	130000
电　　话	0431-81629968
邮　　箱	11915286@qq.com
书　　号	ISBN 978-7-5731-2815-7
定　　价	72.00 元

版权所有　翻印必究

作者简介

程旭锋（1977—），博士，教授，北京林业大学艺术设计学院硕士生导师，美国农业部林产品实验室访问学者。获得第四届北京市高等学校青年教学名师奖（2020年）、第十三届光华龙腾奖中国设计业十大杰出青年提名奖（2017）、北京林业大学教学名师（2018）等荣誉称号。主要研究方向包括：服务设计、绿色设计、设计评价、产品设计、设计方法学、材料与工艺、计算机辅助设计等。发表SCI、EI、CSCD和重要核心期刊文章数十篇，出版专著和省部级规划教材多部，获得省部级教学成果奖2项。设计作品获得：红点奖（2017、2018）、A Design Award（2018）、入围第十二届全国美展（2014）、中国设计红星奖（2012、2011）等有重要影响的设计大奖。

前　言

随着社会的进步与发展，人们越来越重视健康，在当今时代，人民的健康还是反映民族昌盛和国家富强的一项重要因素。因此，在这样的环境下，寻求健康栖息地的民生愿望强烈刺激着森林康养产业的快速形成，进而带动森林康复、医疗、养生、健身、旅游、地产等相关森林康养服务业态的快速发展。为社会提供多样化、多层次的康养服务，不仅可以提升人民群众的民生福祉，而且还可以有效扩大内需、增加就业、推动经济转型升级，利国利民，所以加快发展森林康养产业意义重大。目前"森林康养"的先行先试，不仅是一个优化利用森林资源的新举措，而且对推动我国的大健康产业的发展，促进我国地方经济转型升级与生态经济可持续发展，提供了新的支撑，完全符合国家实行全面经济改革、优化产业结构、探索新业态新商业模式、促进经济发展的一系列战略思想。因此，发展康养服务、对康养服务进行创新设计对当今社会的发展具有十分重要的作用。

森林康养是指利用优质的森林资源，开展森林康复、疗养、养生、休闲等一系列有益人们身心健康的服务和活动。森林康养产业包括：森林康养环境培育和设施设计、森林养生与康复、森林健身与休闲旅游、森林康养产品的研发和生产等，是以林业为载体，涉及农业、工业、旅游业、商业、医药、体育产业和健康服务业等相关行业的综合产业。所以，对森林康养服务进行设计变得至关重要。

在内容上，本书共分为五章，第一章为森林康养服务设计的绪论，主要就森林康养概述、服务设计这两个方面进行论述；第二章为森林康养服务设计，主要就森林康养服务设计的概念，森林康养服务设计的内容，森林康养服务设计的理念这三个方面进行论述；第三章为森林康养服务设计流程，主要就分析与规划、创新与设计、中后台组织、设计迭代这四个方面来进行阐述；第四章为森林康养服务设计案例，主要就浙江温州市某森林康养服务基地的森林康养服务设计与北京西山大学生森林康养服务活动这两个案例进行阐述；第五章为康养服务设计延伸，主要从海洋康养、湿地康养、草原康养、沙漠康养、城市康养以及康养服务产品化的四化建设这几个方面进行论述。

在撰写本书的过程中，得到了许多专家学者的帮助与指导，参考了大量的学术文献，在此表示真诚的感谢，但由于作者水平有限，探索跨专业领域的交叉融合难免会有疏漏之处，希望广大同行及时指正，希望能为热爱和关心森林康养产业的人士提供参考，为服务设计在森林康养领域发挥作用提供参考。

作　者

2023 年 4 月

目 录

第一章 绪论 ··· 1
  第一节 森林康养概述 ··· 1
  第二节 服务设计 ··· 10

第二章 森林康养服务设计 ·· 33
  第一节 森林康养服务设计的概念 ··· 33
  第二节 森林康养服务设计的内容 ··· 45
  第三节 森林康养服务设计的理念 ··· 55

第三章 森林康养服务设计流程 ··· 70
  第一节 分析与规划 ··· 71
  第二节 创新与设计 ··· 83
  第三节 中后台组织 ··· 97
  第四节 设计迭代 ··· 100

第四章 森林康养服务设计案例 ··· 105
  第一节 浙江省温州市某森林康养基地的森林康养服务设计 ·········· 105
  第二节 北京西山大学生森林康养活动 ··· 122

第五章 康养服务设计延伸 ·· 139
  第一节 海洋康养 ··· 139
  第二节 湿地康养 ··· 147
  第三节 草原康养 ··· 151

第四节　沙漠康养 …………………………………………………… 154
第五节　城市康养 …………………………………………………… 158
第六节　康养服务产品化的四化建设 ……………………………… 162

参考文献 …………………………………………………………………… 167

第一章 绪论

当今社会飞速发展，人们的生活水平日益提高，随着社会的进步，人们越来越重视康养。森林康养是康养领域中的重要的康养方式之一。下文将从森林康养概述与森林康养服务设计这两个方面进行论述。在森林康养概述方面，主要就森林康养的概念形成与发展简介，国外森林康养模式发展概况，我国森林康养产业发展概况以及森林康养发展的软硬件建设和研究重点进行论述。在森林康养服务设计方面，主要就服务设计的起源与定义，服务设计思维，服务设计在政策、产业等领域的发展状况以及服务与设计的方法与工具进行阐述。

第一节 森林康养概述

根据世界卫生组织的统计，全球亚健康人数占全球总人数的 60% 以上，中国健康人群为 15%（数据来源为 21 世纪中国亚健康学术成果研讨会提供的统计资料）。党和国家领导把握时代脉搏，在提出"两山"理论之后，又提出健康中国战略，可谓恰逢其时。大量研究证明，与大自然接触会对人的心理和生理产生积极作用。北京园林绿化局和北京林业大学的研究结论：即使是短时间接触森林环境也会对个体的心理和生理状态产生积极影响。森林康养以森林资源为基础，是林业与健康产业融合发展的新形式和新趋势，是大健康工程不可或缺的重要组成部分。

一、森林康养的概念形成与发展简介

森林具有促进身心健康的功能。作为陆地上分布面积、组成结构的复杂程度和生物多样性程度都比较高的生态系统,森林被誉为"地球之肺"、大自然的总调节器,维持着地球上的生态平衡。人类作为生态系统的一部分,也享受着森林带来的诸多益处。森林是天然的空气净化器和负离子发生器,林中绿色植物通过光合作用,会产生大量对人的身体健康极为有益的物质——负离子,洁净的空气和丰富的负离子具备促进人体新陈代谢的功能,对身心健康大有裨益。同时,科研人员还发现森林中的一些植物可以释放出植物杀菌素(如芬多精),而且已经有研究表明杀菌素具有增强人体免疫力、抑制癌细胞生长的特殊功能。此外,在森林中,清风徐来时松涛、下雨时雨滴敲打植物枝叶、山泉溪流中或急或缓的潺潺流水、此起彼伏的鸟啼和虫鸣等不同频率的声响,构成了美妙的森林乐章,可以起到改善精神状态、创造安全感的积极作用。而且,林中环境幽美如画,丰富的色彩与众多和谐的自然声音共同构成了视觉和听觉刺激,对舒缓身心、解除压力的效果也非常显著(图1-1)。

图 1-1 秀美的森林环境

既然森林中的资源如此丰富,那么,如何充分而又合理地开发森林资源为人类所用?人和自然的关系是否能和谐共生,实现相互联系、相互依存、相互渗透?森林康养概念的诞生给出了新的思路。

森林康养这个理念最早起源于德国。19世纪40年代,德国在黑森林创建了世界上第一个森林浴基地，提出了最初的森林康养概念。此后，这一概念开始在美国、日本、韩国等国家流行开来，并经历了科研和实践持续不断地探索和检验。现在，不论是理论研究还是产业体系都已经比较完善，而且形成了较为清晰的森林康养概念，即以森林生态环境为基础，利用森林的气候环境和植物资源，结合景观、人文、艺术等多学科理论，开展以养生保健、养老康复、疗养舒压为目的的一系列森林康养服务活动（图1-2）。

图1-2　德国的黑森林康养中心

中国的气候、地形等条件多样，各地的森林资源有很大差异，具备开展森林康养活动的环境条件和发展森林康养产业的物质基础。我国本着"先实践—再归纳总结理论—再实践"的原则，在具备康养基础条件的地区先行建设康养基地作为试点：2012年，湖南省建立了全国第一个由政府、企业、卫生与健康机构合作创立的森林康养基地，这标志着森林康养作为新兴产业开始在我国萌芽。2018年，《中国林业产业》杂志上刊发了题为《国内外森林康养产业发展及启示》的文章，介绍了当时国际上比较有代表性的森林康养产业发展模式。文中梳理的这些不同的森林康养产业发展模式为国内发展森林康养产业提供了数据参考，确实起到了积极的宣传作用。此后，各地开始陆续建立森林康养基地和研究中心，经过广大学者的共同研究和从业者的不懈努力，我国对森林康养理论体系的理解和建设也日趋完善，实践经验愈加丰富，而且，在森林康养系统的基础之上，还延伸发展出其他基于气候和地形条件的康养理念和领域，如海洋康养、湿地康养、草原康养、温泉康养、沙漠康养等（图1-3）。

图 1-3　多种康养形式：湿地、海洋、草原、沙漠

总的来说，森林康养是通过发掘森林的自然资源和综合服务功能，来满足人们对森林深度体验的需求，对实现提高人的身心健康、改善人们生活品质的目标，具有积极作用。

二、国外森林康养模式发展概况

国外森林康养产业起步较早、发展平稳，其理论研究和产业体系相对比较完善，并逐步形成了几种比较具有代表性的典型发展模式，包括森林疗养型的德国模式、森林保健型的美国模式和森林浴型的日本模式。这几种森林康养产业的发展模式又可以划分为雏形期、快速发展期和成熟期三个阶段。

（一）雏形期（19世纪40年代——20世纪80、90年代）

代表国家：德国、美国。

主要发展历程：19世纪40年代，德国首次创建了森林浴基地，提出了最初的森林康养概念，并成为世界上最早开始森林养生实践的国家（图1-4）。

图1-4　德国黑森林中的埃伯施泰因城堡

美国是最早进行森林康养条件研究的国家之一。美国环境心理学领域的学者发现了森林康养在舒缓压力方面的功效，来自美国德州农工大学的乌利希教授团队出版了《生命自卫本能假说》，该著作的第三章节提出的"乌利希舒压理论"就对森林康养舒缓压力的效果进行了详细解释：不管精神或者肉体，人在面对不利条件时，会选择逃离，这是生命体天生所具备的本能；人也具有这样的本能，当人在某一环境中感到压力倍增时，就会渴望趋向完全相反的环境，实现压力的疏解。这是目前研究森林康养具有舒压功效的主要理论基础。简单来说，利用森林康养活动舒缓压力是通过改变康养者的外部环境条件实现的，即通过"沐浴在森林环境之中"，来实现其疏解精神压力和生理疲劳的目的（图1-5）。

图 1-5　美国的图森峡谷农场

（二）快速发展期（20世纪80年代—2000年）

代表国家：日本、韩国。

主要发展历程：1982年，日本森林管理局首次提出将"森林浴"纳入健康的生活方式，标志着森林疗养理念引进日本，并成功举行了第一次森林浴大会；同时，日本森林管理局还联合林学等多学科领域的专家开展研究，开始在全国范围内进行森林浴基地的规划和建设。1983年，日本森林管理局发起了以"入森林、浴精气、锻炼身心"为主题的森林疗愈活动，并利用森林步道进行运动休憩，逐渐形成了日本独特的森林浴形式的森林康养模式（图1-6）。

图 1-6　日本郊区的森林疗养地

1982年,韩国开始提出建设自然疗养林的概念;1988年确定了4个自然养生林建设基地;1995年将自然解说理念引入自然养生林建设基地,并开展有关"森林利用与人体健康效应"方面的研究。

(三)成熟期(2000年—至今)

代表国家和地区:日本、韩国、德国、美国。

主要发展历程:日本在2004年成立森林养生学会,2007年成立了日本森林医学研究会。后来,日本又建立了世界首个森林养生基地认证体系,标志着日本的森林康养产业进入了成熟发展时期。日本也凭借其在森林康养及森林浴方面的理论与实践研究的大力投入,并在短时间内成为了森林康养领域处于世界领先地位的国家之一。

韩国是在森林康养基础资源建设和相关人员培养方面发展较快的国家,已经营建了173处森林浴场、158处自然疗养林和4处森林疗养基地,修建的林中步道累计长度已经达到1148公里,并且制定出比较完善的森林疗养基地标准,以及森林疗养服务人员培训体系和资格认证制度。

德国森林康养产业以疗愈康复和预防性疗养为主要服务的方式运行,已经发展成为德国的一项社会福利政策,是国家保险体系的重要内容,公民进入森林公园的费用被纳入国家公费服务范畴。德国在森林疗养领域的发展非常迅速,至今已经有350处森林疗养基地在常态化运行。良好的发展态势不仅促进了森林疗养产业的形成,还推动了相关专业的拓展,更提升了国民健康水平。德国模式已经验证和展示了森林康养的价值和潜力,充分证实了发展森林康养产业不仅可以提升国民身体素质,还能促进现代人健康生活质量的提高。

美国的森林康养模式则以保健型为主,通过借助丰富的森林资源,开展生态休闲旅游活动的形式,使游人放松身心、减缓压力、强身健体。美国的森林康养项目通常采用的是将旅游度假、疗养保健和运动娱乐相结合的方式,吸引游客前来体验,进而实现身心保健的目的和效果。

三、我国森林康养产业的发展概况

四川、湖南两省森林资源丰富多样,是我国森林康养产业起步较早的地区。在20世纪90年代,成都周边山区就已经出现了"农家乐"形式的休闲度假活动,属于民间自发形成的早期康养业态,在一定程度上已经具备了森林康养的雏形。当时在我国,森林康养正作为一项新兴产业处于萌芽阶段,显示了较大的发展潜力，这种"农家乐"的经营模式有很多逐步发展为"森林康养人家"，为森林康养产业的多样化发展探索了路径、积累了经验（图1-7）。

图1-7 四川地区的农家乐

面对我国森林康养产业刚刚起步的现状，国家给予了高度重视。自2012年以来，一些地区已经出台了相关政策和措施，完成了几百个森林康养基地的营建工作。在国家的统一指导下，国家林业局等部委发布了多项支持和鼓励发展森林康养产业的政策性文件，如《林业发展"十三五"规划》《中国生态文化发展纲要(2016—2020年)》《关于大力推进森林体验和森林养生发展的通知》等，鼓励林业旅游、康养与休闲产业的发展。

地方政府也积极响应森林康养产业化的实施。近年在河北、北京、陕西、黑龙江等地，政府就森林康养及其相关建设进行了有益探索，着手建立了森林康养基地试点，积极推进以森林康养为核心的新产业经济建设。以北京地区为例，自2017年至今，陆续新增了包括北京八达岭国家森林公园在内的近十个森林康养基地；根据中国林业产业联合会发布《2020年全国森林康养基地试点单位遴选结果公示公告》显示，截至2020年11月3日，我国已有35家单位成为全国森林康养基地试点建设县（市、区），48家单位成为全国森林康养基地试点建设乡（镇），224家单位成为第六批全国森林康养基地试点建设单位，61家单位授予"中国森林康养人家"的称号。

目前，我国森林康养的经营管理模式主要以政府型和市场型为主。前者在旅游产业发达地区比较常见，一般由政府负责基础建设，投资大、建制全、管理规范，是最为常见的一种模式；后者以企业本身作为投资主体，充分调动了市场积极性，是康养产业中积极的参与者，敢于突破传统，具有创新性，但容易专注于盈利，忽略森林康养本身的服务性和社会价值。

尽管我国已经做出不少尝试，但相较于森林康养产业发展较为成熟的国家，我国森林康养产业无论是理论研究还是实践层面都还处于起步阶段，并且在法律和市场层面仍然存在不少空白，亟待由理论到实践的进一步研究，特别是在规范的基地建设和人才培养体制方面亟待加强，以促进森林康养产业真正发挥其社会价值和经济效益。

四、森林康养发展的软硬件建设和研究重点

实现康养基地良性运营的重要保障不仅包括硬件基础建设，还需要标准化的认证体系和有效的专业人才培养体系等软实力建设。

硬件设施是森林康养基地运营发展的基础，包含自然资源和必要康养设施。自然资源方面不仅有一定面积的林地，还可以配置除森林以外的多样性的自然资源，如花园、农田、果园、草地等，以满足不同类型森林康养体验者的差异化需求。基础建设方面除了交通基础设施以外，还包括康养基地的康养设施和基础设施建设，如餐饮住宿、应急救助站、步道平台、室内外康体活动场所、展览陈列空间等，以增强康养基地的综合功能性（图1-8）。

图 1-8 北京八达岭森林体验馆

软实力建设就是森林康养人才培养体系的建立，这是康养基地良性运营并持续发展的核心要素。对于森林康养师和相关服务人员的培养，未来还需要不断完善和规范，特别是在标准化、专业化、个性化和便民化这四个方面。

（一）标准化（行业角度）

日本和韩国均建立了完备的森林"疗养基地认证制度"和"人员培训体系"，并且设置了产业建设标准，从而规范了行业市场、确保了从业人员素质，减少了商业市场的恶意竞争和低水平服务情况。

（二）专业化（学术和教育角度）

日本和韩国设立了森林疗养服务人员"等级培训制度"和"资格认证体系"，有效保证了森林疗养服务产业的从业人员都具有较高的专业性，专业人员的执业能力和水平提升了森林康养服务的科学性、严谨性和安全性，能够更好地帮助森林康养体验者实现疗愈康养和休闲舒压的需求。

（三）个性化（市场和用户角度）

一方面，针对不同人群的不同需求，为森林康养体验者提供个性化的定制服务，能够帮助不同需求的用户实现深度的森林康养体验，进而达到彻底放松身心和疗愈休闲的目的；另一方面，不同的森林康养基地利用自身资源的优势和特色，能够形成和提供个性化的康养服务，避免了康养基地的同质化发展。这也将是森林康养基地需要提供个性化、差异化和定制化服务的必然要求。

（四）便民化（政府角度）

政府支持和政策导向是促进"全民康养"的重要保证，便民化的思想和具体措施也是森林康养研究的重要内容，包括如何将康养治疗纳入国民健康保障体系（如德国）、分级管理的运营机制、不同尺度和特色的森林康养基地建设等。

德国、日本和韩国都是康养产业发展比较成熟的国家，他们的森林康养产业已经形成相当成熟的体系和规模，值得我们学习和借鉴。

第二节　服务设计

社会在进入体验经济时代之后，用户的消费习惯已经由"商品型消费"转向"服务型消费"和"体验型消费"。互联网时代的到来，使得过去用于解决用户核心痛点的"产品"(包括实体产品和虚拟产品),不再是一个只能解决单个问题或需求的方案,而是要满足用户多方面的需求。服务设计的理念在这时候引入传统行业,往往能有效地提升用户满意度,服务成了更好地解决用户需求的方案,而各种产品则成了服务的一部分,承载着服务的功能。通过帮助企业实现品牌形象和知名度的提升,服务设计的时代已经到来。服务设计的理念引入我国后,便广泛应用到各个行业,且在不同行业、不同领域都进行了有效的探索。作为一个系统性强、多学科交融的综合领域,服务设计既可以是有形的服务,也可以是无形的体验。服务设计的关键特征是"以用户为先—追踪体验流程—涉及所有接触点—致力于打造完美的用户体验"。森林康养是服务性很强的活动,通过服务设计的方法来探索森林康养基地的规划和运营、提供服务系统的策略,帮助森林康养服务得到更大的提升,进而促进森林康养产业的发展。

一、服务设计的起源与定义

服务设计并不是直接产生的一种设计模式,它一直存在并经过了长期的发展和迭代更新,但它的发展和迭代一直是以一种自发的、无意识的形态存在的。近年来,随着市场经济的稳定发展,服务设计这个概念才逐渐被人意识到,并被提出来加以研究的,同时,有越来越多的企业和公司开始主动运用服务设计思维,为消费者提供更加周到、贴心的服务,有效地提高了品牌和企业的整体形象。同样,森林康养产业也将经历这个过程,从个体农家乐业主自发的经营模式探索,逐渐成长为政府相关部门大力发展的新兴产业。

(一)服务设计的起源

1.从设计的发展历程来看

自工业革命以后,设计经历了多个时代,从实践来看,可被总结为以技术为主导、以人性化为主导、以服务品质为主导和以情感体验为主导这四个阶段。

(1)以技术为主导的设计出现在物资匮乏的时代。

人们一直在寻求外力帮助自己从繁重的劳动中解放出来。从18世纪60年代第一次工业革命开始,传统手工业就迅速被大机器生产和之后的电力制造所替代,工厂批量生产的商品逐渐替代手工艺商品,开始占满商店的货架。于是,产品的理念应运而生,世界也逐渐开创出一个新的时代。人们的出行使用汽车代替双腿,想和远方的人说话时通过电话就可以传达,照相机记录下美好的时光并保存下来……大家心满意足地享受着工厂大批量生产带来的低价商品，只要功能完备，造型丑陋、形式雷同都无伤大雅（图1-9至图1-11）。

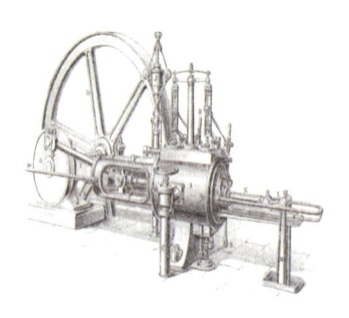

图1-9　第一次工业革命时的瓦特蒸汽机

图1-10　1879年的盒式电话

图1-11　19世纪的汽车

这里并不是说当时大众审美存在问题，只是新技术刚出现的时候，使用新技术的产品还不多，用户没有足够多的产品拿在手里去比较。所以当用户买到一个新产品时，他的关注点不会放在质疑生产厂家的产品设计不够人性化，外形不够美观上，反而会以好奇的心态看待新产品中蕴涵着的高科技因素，不合理之处也会被认为用户自己使用不当，强迫自己适应新产品。这就好比在机器人刚刚诞生的时候，人们关注的焦点是机器人能做什么，而不是像不像人、好不好看。

（2）生产技术发展的时代。

随着生产技术的进步和成熟，是否能满足人的需求、更适宜人们使用逐渐成为消费者评判设计（特别是产品设计）的重要指标。

社会生产力的极大提升，促使商品变得琳琅满目、种类繁多，人们购买商品的选择空间变得越来越大了，购买行为也从排队抢购商品变为愿意花更多的时间在超市里静心挑选心仪的商品。理性的消费行为使人们面对相同功能的商品时，更多地思考产品设计合理化、宜人性和美观程度等影响产品附加价值和竞争力的关键因素。这个时期的工厂和企业纷纷将设计的重心从技术角度转变为用户角度，如：windows 系统的出现彻底替代 dos 系统；智能手机的诞生加速功能机退出历史舞台。人们开始形成理性的消费行为，更倾向于购买容易使用的、界面友好的、设计人性化的和外观优美的产品。背后的原因就是，人们评价设计优劣的核心要素已经从过去关注技术转变为关注商品的性价比（图 1-12、图 1-13）。

图 1-12 具有多重功能的诺基亚手机

图1-13　以流畅的外形、便捷的操作著称的戴森无叶片风扇

（3）用户在发生消费行为时，购买的不仅仅是产品本身，还有与产品捆绑在一起的服务。

当物质生活极大丰富，人们基本生活得到保障，消费者已经不再为温饱相关的问题而忧虑的时候，人们越来越倾向于购买有品质、有服务保障的产品。在这一时期，很多企业都纷纷将设计精力投入到怎样提高用户购物体验的环节中，比如，小米公司用强大的客服体系建立起良好的用户口碑和产品生态链，"亚马逊"公司致力于建立世界上最以"客户至上"为准则的企业。人们开始注意到"服务"的地位甚至有追赶并超越"商品"的趋势，企业售卖产品及服务的经营模式已开启，将来也可以通过售卖服务而不只是销售产品的方式来获利。典型的服务型"商品"，比如电钻生产企业可以售卖打孔服务而不只是电钻产品，"美团"和"饿了么"等外卖平台并不生产产品，而是提供外卖配送服务和其他类似的跑腿服务，"服务就是商品"，并且以提供服务为主要盈利方式的商业形式将会越来越多。产品设计行业当然也要开始注重服务，从只提供产品设计变为提供产品及其服务设计。作为森林康养服务的提供者，不仅可以向客户售卖纪念品等商品，更重要的是还可以向客户提供量身定制的森林康养服务，这才是森林康养产业的具有核心竞争力的产品，即森林康养服务。如Apple手机凭借先进的技术和人性化的操作吸引客户（图1-14）

图 1-14　Apple 手机凭借先进的技术和人性化的操作吸引客户

（4）用户希望通过购买的产品传达自我意识，这催生了以情感为主导的设计转变。

未来我们所面对和经历的，可以称为设计发展的第四阶段——以情感为主导的设计。物质生活已经被极大满足的人们开始追求精神的富足，迫切渴望通过购买的产品体现自身价值观，或者产品的功能可以丰富生活、产生趣味。在设计发展的第四阶段，产品及其服务设计将更多地考虑如何满足和完善人的体验需求，带来愉悦和满足的感受。在这个阶段，社会生活稳定、物质资源丰富，消费者对设计的要求也变得更加严格——强调技术、造型、服务等设计要素将不能满足用户的需要，他们购买产品和服务时希望透过产品本身，看到自己想要的生活。于是，出现了像脸萌、足迹等一夜爆红的 App 产品，就是充分迎合了人们追求新鲜感的心理。MUJI 无印良品的极简风格更是影响着消费者的审美倾向和价值判断；更甚者，企业引起用户注意力的方式，也会引起人们的关注和追捧，比如，微信 App 产品对模糊照片功能的宣传，都成为值得研究和分析的典型事件和案例。设计的发展走到这一阶段，已经很少会有人单纯为产品蕴涵的技术买单，所以还需要给产品注入更多人文情怀，让情感化的产品和注重体验的服务理念逐渐渗透进人们的日常生活，使之发展成为用户的一种生活方式，这才是科技、产品和服务设计最好的出路。服务设计也许是设计发展历程的高级阶段（图 1-15、图 1-16）。

图 1-15　MUJI 风格的室内装饰

图 1-16　潮牌之一 supreme 的外套

2. 以服务设计的角度，看待自身的发展历程

人类由于在农业生产方面效率不断提高，因此就产生了富余的物资，然后人与人之间首次出现以物易物的行为，这时候就产生了"顾客"与"交易"。随着社会的进一步发展，底层需求得到满足之后，逐步渴望得到更为高层的需求满足，于是就出现了依靠提供服务或者体验等更高精神层面的"有价物"来为生的人，比如司仪和僧侣、教师和艺术家，从事提供这样服务的人越来越多就逐渐发展成为一个职业和行业。这些职业和行业是通过创造无形的内容来换取有形的物质，依靠售卖"体验"和"服务"来满足消费者的获得感。从服务设计的角度而言，从事这些职业的人就可以当作服务提供者，这样的行业就是服务业的早期雏形。

服务设计的概念最早由 G. 利恩·肖斯塔克（G. Lynn Shostack）于 20 世纪 80 年代在营销管理学领域首次提出。那时候，设计服务通常被视为营销和管理人员的工作内容，当时担任花旗银行营销管理专家和顾问的 G. 利恩·肖斯塔克（G.

Lynn Shostack），在其撰写的一篇题为《如何设计服务》（1982 年）的论文中首次提出了"服务设计"这一概念，并在她的另一篇题为《设计传递的服务》（1984）的论文进一步阐述了构建和完善服务设计的理论体系，为服务设计做出了贡献。不过她当时所提出的服务设计概念偏重于营销和管理层面，与现在的服务设计概念还是稍有区别的。

G. 利恩·肖斯塔克（G. Lynn Shostack）还首次提出服务蓝图这样的服务设计工具，并设计了服务可视线和服务证据等研究工具；而且，以擦鞋服务为例介绍了如何运用服务蓝图进行服务提升：她使用服务蓝图将产品和服务进行共同识别和展示，并通过可视化的服务流程、顾客与雇员的角色划分、产品和服务的模块划分、服务的证据与服务的可视与不可视划分、雇员行为的时间效率等几个方面，来发现那些影响服务品质优劣的关键因素。她所使用的这些方法和工具被广泛使用和不断迭代，逐渐发展成熟并沿用至今。这种将服务蓝图工具用于分析用户参与整个服务生命周期的做法，可以视为用户旅程图的拓展。用户旅程图也是服务设计常用的工具之一。服务蓝图和用户旅程图都可以用于展示整个服务的生命周期，但二者的视角是不一样的。

1986 年，设计领域的著名设计作家美国加利福尼亚州立大学研究实验室的教授唐纳德·诺曼（Donald A. Norman）首次提出了 User Centered Design（UCD，以用户为中心的设计）的术语，并随着其所著的书籍《以用户为中心的系统设计：在人机交互中的新视角》（1986 年）的出版而广泛流传。实际上以用户为中心进行设计的理念是在参与式设计的概念上建立起来的。诺曼教授将"参与式设计"和"以用户为中心的设计"进行了对比，他认为"参与式设计"更偏重于关注用户测试和终端用户的开发；而"以用户为中心的设计"则更关注用户体验和心理需求，并将用户置于开发流程的中心。UCD 概念的提出确实帮助和引导开发者将设计开发的观念转向以用户为中心，强调要关注用户的体验、顾客的需求而不是效率，并且强调用更加人性化的方式开发产品或产品系统。

同样是在 1986 年，首个以提升顾客关系为目的的管理系统 Customer Relationship Management(CRM，顾客关系管理)，以软件形式诞生。这个软件系统能够跟踪顾客与企业互动的一些信息，并能让雇员拥有更多的顾客信息，当顾客出现抱怨的时候就可以检查互动的历史记录，追溯并确认最后是在哪个交互部分出现了问题。这个管理系统可被视为现代的顾客关系管理软件的先驱，一定程度上能够帮助提升顾客的体验，但是依然无法破解现在企业中由于组织单元分割而造成的服务体验品质提升困难的问题。

1988年,评价服务质量的SERVQUAL模型诞生了。帕拉休拉曼(A.Parasuraman)、瓦拉瑞尔·泽丝曼尔(Valarie Zeithaml)和利奥纳多·L.贝瑞(Leonard L. Berry)三人创建了一个可以评估服务质量的工具SERVQUAL,其核心思想是通过问卷形式来评价服务水平,这份问卷由22个问题组成,被划分成五个维度,分别涉及服务的可靠性、保证性、有形性、同理性和响应性,并设立一个简单的公式:SQ(服务质量)=P(个体感知的服务)—E(个体对服务的期待)来分析最终结果。尽管这个问卷工具很长,但是它背后的核心思想则显示了服务质量取决于顾客的感知,这一点从划分的五个维度所覆盖的服务重点证实:可靠性是指服务提供者执行承诺的服务是否可靠而准确,保证性是指雇员的知识、礼貌和能力是否显示出信任和自信的程度,有形性是指服务过程中顾客对实体设备、仪器、人员和通信材料的外观是否满意,同理性是指服务提供者提供的关怀和对顾客的个性化需求的关注程度,响应性是指服务提供者乐意帮助顾客并提供即时的服务效果和服务水平。

1990年,波姆斯(Booms)和比特纳(Bitner)二人创造了一种用来描述"服务的周围事物与环境如何影响顾客和雇员"的服务设计工具——服务场景模型(Servicescapes Model),目的是为了说明人在环境中的行为能够被改变的情况。从服务场景模型可以看到行为心理学对设计服务的方式产生了影响,可以把它看作是现在服务设计领域使用的服务蓝图工具的变体。

1991年,服务设计正式在设计学科领域被提出。比尔·霍林斯(Bill Hollins)和吉利安·霍林斯(Gillian Hollins)二人联合撰写的专著《Total Design: Managing the Design Process in the Service Sector》(《全面设计:管理服务部门的设计流程》,1991年)出版了,在这本书中,他们正式且明确地在设计学领域提出服务设计概念;同时,在这本书中二位作者还描述了服务产品应该被怎样设计,以及服务产品的设计流程应该如何进行管理,并定义了服务设计问题通常发生的可能位置。

同年,KISD(Köln International School of Design,德国科隆国际设计学院)的迈克尔·厄尔霍夫(Michael Erlhoff)与比吉特·马杰(Birgit Mager)开始将服务设计引入设计教育,Michael Erlhoff提出可将服务设计作为一个专门的学科领域进行研究,他后来还建立了一个服务设计教育的国际性大学组织,也就是现在服务设计领域最有影响力的Service Design Network(SDN,服务设计联盟)。

1991年,大卫·凯利(David M. Kelley)、比尔·莫格里奇(Bill Moggridge)

和麦克·努塔（Mike Nuttall）等人在美国硅谷建立了著名的设计咨询公司 IDEO，凭借多学科设计团队的优势，IDEO 一直保持着全球顶尖的设计地位和学术地位。IDEO 在设计思维和服务设计方面的成果产生了巨大的影响，他们开发了一系列的设计工具、创作了多本关于设计思维的书籍，也通过网络方式传播着包含设计思维在内的许多设计工具和方法，一直被包括服务设计师在内的设计界人士广泛使用着。

1998 年，休·拜尔（Hugh Beyer）和凯伦·霍尔兹布拉特(Karen Holtzblatt) 提出了一种以用户为中心的设计流程，即情境设计（Contextual Design）。这种设计流程类似服务设计思维的情境设计，通过整合"人种志"的方法，来实现对收集与产品相关的客户数据进行研究的目的，并且使工作流程合理化，之后再设计最终的产品和人机界面。情境设计流程与现在的服务设计流程已经非常的接近了，各种设计思维的创新或升级都共同哺育着服务设计的发展和成长。

1998 年，OxfordSM（当时称为牛津企业咨询公司）在 Eurostar（欧洲之星）项目中，在建立和实施企业使命和品牌主张的任务时，使用了 Customer Journey Mapping（顾客旅程地图），之后 OxfordSM 又在和英国政府的合作中继续广泛地使用这种设计方法，并通过英国政府的帮助公开发表了这种设计技术的指导性文章。1999 年，IDEO 在 Acela（阿西乐特快高速铁路）项目中也使用了这种方法。顾客旅程图用来将无形的服务可视化，是非常的方便、直观、高效的设计工具和方法，现在已经成为服务设计中广泛使用的工具和方法之一。

同样是在 1998 年，"Experience Economy（体验经济）"的概念被明确地提出来：B. 约瑟夫·派恩(B.Joseph Pine II) 和詹姆斯·H. 吉尔摩(James H.Gilmore) 联合在《哈佛商业评论》上发表了一篇题为文章《Welcome to The Experience Economy》(《欢迎来到体验经济》，1998）。1999 年，B. 约瑟夫·派恩(B. Joseph Pine II) 和詹姆斯·H. 吉尔摩(James H.Gilmore) 这两位学者又完成了专著——《The Experience Economy》(《体验经济》，1999 年由哈佛大学出版社出版）。二位作者在书中提出了体验经济将有可能成为农业经济、工业经济、服务经济之后的下一代经济模式；并且，将"体验"的理想特征描述成："体验"是超越产品和服务的一种经济模式，而且"体验"既适用于现实世界，也适用于虚拟空间，未来创造价值的最大机会就在于营造"体验"。在书中，他们把服务定义为为百货商品提供"差异化手段和附加价值"的"作用于特定客户的无形的活动"。由此可见，在商业领域，服务设计很早就被视为用来驱动经济增长的增值服务。实际上，"体验（Experience）"一直都被视为服务设计中相当重要的概念。

虽然"体验经济"这一有趣的概念一经提出就备受关注且饱受批评，但是也在一定程度上影响了后续的商业思维的形成和相关的设计实践，尤其是与顾客体验（Customer Experience，CX）相关的研究和实践，使服务设计从中受到很大启发，获益良多。

到了 20 世纪末期，产品服务系统（PSS，Product Service System）的概念，逐渐开始在设计领域流行和传播，不过当时对于产品服务系统的认识还不够深刻，大多数的情况是提倡使用"服务"来替代"部分产品"，以获得更好的效益。而后来的产品服务系统设计（PSSD，Product Service System Design）主要是针对产品服务系统所涉及到的战略、概念、（物质的和非物质的）产品、管理、流程、服务、使用、回收等环节的问题进行系统的规划和设计，这种情况实际上已经开始更多地偏向可持续发展的角度了。

2007 年是服务设计的重要年份，第一届服务设计全球会议 SDGC（Service Design Global Conference，服务设计全球会议）由 SDN 举办，这次大会吸引了全球的许多参与者共同参与，当时的盛况说明服务设计的影响在那时候已经在世界范围内传播开来。

2008 年，在由 Board of International Research in Design（国际设计研究协会）主持出版的《设计词典》（Design Dictionary）中，将服务设计描述为从客户的角度来设置服务的功能和形式，它的目标是确保服务界面是顾客觉得有用的、可用的、想要的；同时，服务提供者觉得是有效的、高效的和有识别度的。至此，"服务设计"的概念被更加官方的组织予以公开承认和确定下来。相应的，在设计学领域中的"服务设计"概念也从此变得更加明晰了。

从那时起，越来越多的专业机构不断地探索着对服务设计进行标准划分和明确定义的工作，尽管不同领域的学者和研究人员对服务设计的概念界定会产生差异性，但研究成果同样从不同的方面推动着服务设计的不断完善和发展；特别是专注于设计理论的研究者和探索服务设计的实践者们，对服务设计中的诸多概念进行了更有启发性的定义和探讨，推动着服务设计在理论研究和实践验证两个方面的进一步结合与相互促进。

2016 年是服务设计的又一个重要年份，在国际服务设计联盟 SDN 的发起下，将每年的 6 月 1 日作为"Service Design Day（服务设计日）"，来庆祝服务设计的诞生，并呼吁所有组织、服务设计师、学生和热心人士参与进来，通过线上或线下活动为周边的世界创造更多影响力，使服务设计成为不同学科和背景的人都能够参与的世界性的共创活动。

（二）服务设计的定义

服务设计属于设计活动，是以提高用户体验和服务质量为目的，以为客户设计、策划一系列满意、易用、有效的服务为目标，计划、组织某一项活动中所涉及的人、基础设施、信息交流以及物料运输等多种相关因素，其结果既可以是有形的，也可以是无形的。

服务设计是计划和组织资源的活动，将人与其他资源（比如沟通、环境、行为、物料等）相互融合，同时将以人为本的理念贯穿始终，目的是为了直接地改善员工的体验，以及间接地提高客户的体验。服务设计被广泛运用于各种类型的服务业，其关键理念是用户为先、追踪服务流程、关注所有接触点、致力打造最完美的用户体验。

服务设计的综合性非常强，在服务设计所涉及的内容中存在着广泛的跨学科现象。服务设计作为以实践为导向的行业，经常致力于为终端用户提供具有全局性的服务系统和流程设计。在跨学科的共创活动中，需要设计、管理、程序、工程技术、人文、艺术等多领域的知识和专业人才共同参与，所以更加强调团队合作和共同创造的重要性。在商业应用中，涉及多领域的服务系统设计是十分普遍的现象，通讯、零售、银行、交通、能源、科技、信息、政府公共服务和卫生健康等领域是目前服务设计最常涉足的领域。

二、服务设计思维

正是因为服务设计的综合性强，注定了服务设计思维必然是一种跨学科的、综合性的思维模式。现实生活中的服务无处不在，社会安全、卫生健康、教育培训、交通运输、餐饮娱乐、金融通讯等共同构成全社会的基础性服务。根据《服务管理：战略、运作与信息化》一书中的数据，2007年，美国GDP总值的80%是由服务业贡献的，2013年，中国服务业创造的GDP第一次超越了制造业，2018年，中国服务业GDP的占比达到51.6%。

（一）服务的定义

服务是指在服务提供者和用户之间建立的产生经济价值的互动过程，其不只存在于第三产业，也存在于制造业。比如空调和冰箱的生产企业，表面上出售的是制冷产品，但实质上提供的是制冷服务；这与提供供暖服务是一样的道理，家家都有暖气且不会频繁更换，那么，供暖设备制造企业和生产商以及热力公司就是供暖服务的提供者。表面上，用户购买的是制冷或者取暖产品，但是，实际上是在购买制冷或者供暖服务，并且，不论这些制冷或者取暖产品如何变化，也不论用户购买哪一家的产品，制冷和供暖服务的需求是一直存在。

（二）服务主导逻辑

这几年在制造业有一个非常重要的概念叫"服务型制造"，这一概念的提出反映出制造业也开始重新思考如何以顾客为中心，提供更好的制造服务了。这一现象的背后其实就是服务主导逻辑，服务主导逻辑认为所有的经济都是服务经济，产品只是满足人们某种需求的载体，而不是目的，一切工作都要围绕着"用户"这个中心展开。

（三）思维的转变决定了方法的变革

服务主导的逻辑非常强调要围绕着顾客的体验来设计服务，但这种做法并不是单纯地将注意力放在提高效率或者降低成本上，思维方式的转变将会引发整体方法的变革。在前面刚刚提到制冷和供暖服务的例子，也许在未来就会引起制冷和供暖行业的商业模式变革，未来还会有很多制造型企业都有转变为服务提供者的可能性，比如生产电钻的企业并不会持续依靠销售电钻产品获得的利润来扩大经营，转而依靠提供全方位周到的打孔服务，同时轻资产，来实现企业高利润。很多重型工程装备企业都在探索经营理念转变和商业模式的变革：从售卖装备到出租装备、再到出售服务。

（四）设计思维

这种变革的背后是服务设计思维在发挥作用，是设计思维在服务领域解决问题的优异表现。设计思维既是一种方法，也是一种结合发散思维并利用设计工具解决各种复杂的、定义不明确的问题的能力。良好的设计思维能够提供差异化的产品形式，使别人不易发现的事物变得更加清晰、明确。设计思维是一种定性研究的方法，需要花时间去观察用户、去了解他们的问题和需求以及生活方式，再使用图表去分析所收集到的用户数据，可以更深入地了解所涉及的问题。设计思维还是一种寻找用户潜在需求的有效手段，通过大量数据去洞察需求并发现创新点和机会点，然后再经过不断迭代去探索每个流程中用户需求被满足的最佳方式。设计思维可以被描述成：运用设计师的感性手段来满足人们的需求，通过可行的商业战略将结果转化成消费者价值和市场机会。设计思维侧重于：培养对用户和客户的同理心，开发设计思路，通过系统的方法解决复杂问题，通过图表、原型去发现和评估创新点，测试并进行迭代，直至找到解决方案。设计思维是在寻求某种微妙的平衡：在艺术和商业之间、在产品和服务之间、在直觉和逻辑之间、在概念和执行之间，在约束和赋能之间。

（五）服务设计思维

服务设计思维是设计思维的延伸。随着软硬件之间的界限模糊化，几乎所有的创新、产品或者解决方案背后都伴随着一种甚至多种服务；同时，随着产业或者产品的差异化减少，在技术与竞争的推动下，消费者的期望正在不断提高；而难以模仿的客户服务也许将会成为唯一的竞争优势。良好的服务体验有助于提高用户购买意愿，建立忠诚度，最大限度地减少损耗，而且还可以推动交叉销售。因此，在研究任何产品或者解决方案时，只进行单方面的考虑就显得不够充分了；而应该重新思考将服务作为企业的竞争优势和战略资产，而不是将其视为企业资源的消耗。尽管用户在做出购买决定时，理性的行为可能会将感性的情绪"掩盖"起来，但在实际使用过程中，使用体验和情感满足的程度影响着顾客的评价；从产品意识及其如何实现目标或解决他们的痛点，再到售后服务和技术支持，无论是产品供应商，还是服务提供商，客户的体验经历都是很重要的，整个客户服务旅程中的体验，都将是企业需要思考和设计的环节。

服务设计思维强调围绕产品和服务的整个生命周期里的体验来开展设计工作。在产品使用的过程中，利用服务来处理体验的时刻，服务就超越了产品。服务设计不仅仅要考虑面向客户，同样也需要关注员工的体验，包括面向客户（前台）和面向内部员工（幕后）的工作体验。服务是我们享受但并不拥有的东西，因此服务设计致力于塑造适合于人的服务体验，打磨掉那些让人觉得不舒服的棱棱角角的不良体验，花点心思让整个体验变得更让人难以抗拒。

服务设计思维是一种战略方法，可帮助服务提供商为其服务产品制定明确的战略定位。随着社会的发展，人们的消费预期不断提高，使得现有的一些服务设施和服务系统开始变得不能很好地满足消费者的需求了。于是，人们开始关注他们所接受的服务：消费者在售前、售中、售后获得的体验决定着一个品牌和企业的整体品质在消费者心中的地位，消费者可以在几分钟内对他们使用的任何东西——产品及服务，做出评估和比较。在这样的情况下，公司要为它们的行为和所提供的产品承担比以往更多的责任，也要对他们所传递的服务给予特别高的重视。

（六）服务设计的基本原则

服务设计思维是关于应用设计思维进行产品设计和交互设计的方法，以创建无缝的服务体验和交互界面、发现有形的服务接触点（例如广告、店内环境、网站、移动应用程序和桌面接口等），并消除客户接触点成为独特孤岛的概率。因此，在服务领域应用设计的技术是十分必要的，这样可以有效地提高品牌和企业的整体形象，使消费者对服务产生更大的满意度。一方面，通过品牌知名度和整体品牌形象的提升，更多的商业机遇和投资合作也会随之而来；另一方面，服务设计能够帮助企业提高服务效率，从而节约成本。从生态学的角度来说，服务设计对问题的服务化解决方案减少了有形产品在生产过程中对资源和能源的过度使用。服务设计思维帮助企业更好地控制服务所提供的内容，并从中获得更多的回报。

2010年由马克·斯迪克多恩(Marc Stickdorn)、雅各布·施奈德（Jakob Schneider）联合23名作者共同创建并出版了一部名为《服务设计思维：基本知识—方法与工具—案例》的专著，在这本书中，作者们非常全面地介绍了服务设计基础、工具和案例研究。该书实用性强，像工具书或者手册一样被广泛流传，在被翻译成中文以后，为我国服务设计的普及和发展也起了极大作用。书中总结归纳出了服务设计的5个基本原则，一直被奉为经典：

第一原则，以用户为中心的：服务应该从顾客的视角来设计。

第二原则，共同创造的：所有的利益相关者都应该被考虑到服务设计流程中。

第三原则，有次序的：服务应该被可视化成一系列相互关联的行为。

第四原则，有形的：无形的服务应该以物理制品的形式可视化。

第五原则，整体的：服务的整个环境都应该被考虑。

设计方法曾经只适用于产品，所以服务设计方法的研究并没有得到足够的重视；然而，在今天已经进入体验经济时代，客户价值判断的对象和依据是整体体验（产品+服务）。因此，那些继续只顾埋头苦干并拒绝为客户体验计划提供充足资金的公司，很快就会发现自己不可避免地戴上了价格战和商品化的魔咒。服务设计五大原则的提出，为服务设计提供了方法指导和品控途径。

三、服务设计在产业、学术和应用领域的发展情况

产业方面将形成一大批服务型企业。不论是"百度""知乎"这些典型的互联网公司，还是"京东""顺丰"这些转向智慧物流的企业，他们实际上都在输出自己的服务，只不过前者输出的是基于互联网的知识和信息这样的内容类产品，后者输出的是基于互联网和大数据的实物类产品；透过这些企业的经营模式可以发现：产品只不过是服务的载体，在获得产品之前的一系列服务体验是否能够满足用户需求，才是决定消费者购买和使用产品的决定性因素。未来的互联网、数字化、智能化的领域会渗透到各行各业，未来的职业和职能也会跟随细分领域产生相应的变化。

学术领域将出现专门的服务设计专业方向，比如英国皇家艺术学院的服务设计项目。英国皇家艺术学院在全球世界大学排名中艺术设计类排名常年处在第一的位置，目前只有硕士项目，而且从硕士项目起才开始有学术研究性，它的硕士专业设置一直都在跟随时代发展而更新。其认为，服务设计是设计实践在服务和体验中的具体应用，服务设计能改善商业和工业的工作体验，为复杂的社会问题提供有效的解决方案、更好的公共服务和以公民为中心的政策。服务设计的工作岗位分布非常广泛，涉及的领域既包含了商业创新、数字化转型，又包含了社会创新和文化服务型；服务设计专业的毕业生，就业方向也有很多的选择性。

在实际应用中，服务设计已经得到承认并不断传播，开始由用户体验设计升级到服务设计；用户体验是服务体验设计的一部分，这和UI（界面交互）设计是UX（用户体验）设计的一部分是一样的，服务设计包含用户体验设计，并增加了其他的额外流程设计。UX（用户体验）设计和服务设计之间最根本的区别是：二者要解决的问题类型是不同的，用户体验设计师通常只解决单个产品或服务中的单个"接触点"的问题；而服务设计是要产出一个针对某一服务下的策略性系统方案，在这个方案中，会涉及多个"接触点"。

关于用户体验设计与服务设计的区别和联系，并不是本文要阐述的内容，但是为了便于把二者的区别问题解释清楚，特别是在开展森林康养服务设计工作时，把问题描述得更清楚明确，还是有必要借助森林康养服务设计的例子来对比说明两者的异同点：

对于UX设计流程，有可能会认为森林康养基地需要开发一个帮助人们制定

和管理森林康养服务（包括活动和产品）的 App，UX 设计师的研究很有可能从调查以下问题开始：

使用这个 App 可能会是谁？

用户的需求和目标是什么？

用户经历过什么问题？

他们的担忧是什么？

基于这些研究，UX 设计师可能会进一步确定用户希望通过 App 完成的最重要的任务。对于每一项任务，设计师会为用户要完成其目标的步骤制定不同的选项，以使得整个 App 能够高效地帮助用户多次完成其目标。UX 设计师交付的最终产品可能是一套 App 的界面设计方案，并交给软件开发人员将其转化为一个功能流畅的 App（软件产品）。

然而，对于服务设计流程，则可能全面地看待森林康养基地为旅客所提供的服务，发现森林康养服务不仅仅涉及创建和管理康养活动和产品。事实上，康养基地所要提供的是一种由许多不同的"接触点"组成的服务，它的 App 只是"接触点"之一，其他"接触点"还包括康养基地的广告、网站、前台、特色食品等。因此，针对复杂的服务体系，可能有几十个甚至数百个不同的接触点。

虽然在实际工作中，服务设计师主要去实现用户在单个接触点上的体验，但他们也需要关注这些接触点是如何连接、人们如何在一个服务体系中不断流动、如何提升用户体验等问题。服务设计师的工作是从目标用户和服务提供者、执行者的角度来调整接触点使得协同运行能更流畅高效。因此，当面对的是系统性、多面性的问题时，服务设计的价值就会凸显出来。随着社会发展而衍生的复杂服务恰恰迎合了服务设计的价值。例如，如果某一个森林康养基地一直未得到顾客的好评，但又不能明确指出任何特定"接触点"的问题，那么该森林康养基地可能就需要从大局出发，看看整体的服务该如何去提升。

森林康养服务产品的本质是森林康养基地利用森林资源为客人提供康养活动和相关的各类附加服务，所售卖的实际上是一系列服务体验。既然是服务，就会和传统意义上的产品存在区别：首先，康养产品的内涵是可变的，同样是康养产品，低成本康养基地可以定义为最基本的康养资源的门票，餐食不包括在内，全服务的康养产品，今天还可以免费体验，明天就可以在餐食、住宿和特色活动项目上收费；其次，康养产品的价值并不会像传统产品一样提前固化在其产品的具体形态（比如康养基地的特色食品或者纪念品）中，而是必须在向客人交付相关服务的同时创造并释放其价值，康养服务只有在顾客开始准备康养活动的时候才会真正地开始服务交付；此外，康养产品的价值产出是可变的，和场景息息相关，比如，活动期间天气条件好，各项活动设计合理且准时开始，康养师的引导服务到位，餐食可口，产出的价值就高；任何一个环节出问题，都会不同程度地影响服务的体验，也就是产出的价值（图1-17）。

图1-17　康养活动之一——瑜伽

四、服务设计的方法与工具

（一）服务设计思维的原则

前文已经简单提及服务设计的五大原则：以用户为中心、共创、次序、实物和整体性。这里做进一步的扩展介绍：

1.以用户为中心

服务是通过服务提供者和客户之间的交互形成的，服务的本质是为了满足顾客的需求，因此一切设计都要以用户为中心（图1-18）。

图1-18 以用户为中心

2. 共创

"共创"就是大家共同创造的,每个人都可以参与设计。服务提供商、用户、利益相关者,潜在的任何用户都可以是服务的共同创造者。一个服务的过程,会涉及很多人,既包括不同的顾客和群体,又包括不同环节和部门的工作者。在设计整个服务的过程中,需要尽可能地考虑不同群体涉及的不同问题。

3. 次序

"次序"是指服务在一段时间内发生的节奏和时间点。如制作视频一样,掌握好每一步、每一帧的长度。比如在康养基地办理登记手续时,花费的时间过长、过程烦琐缓慢就会影响用户的整体情绪;再比如在康养活动开始之前,必须有气候、地形探查的各项准备工作,以确保活动的安全性和有效性;这些工作都是按照次序展开的服务环节。

4. 有形

"有形"是让无形的服务变得有形。服务有时候是在人们不知道的情况下发生的,会潜意识中影响着人们的感受。比如在某个康养活动结束之后可以由客户带走的纪念品,让体验过康养服务的人在看到它时能唤起当时的美好记忆,通过情感的传递无意识中增强服务的认知和良好体验。

5. 整体性

"整体性"是指在进行服务设计和实施服务的全部过程中,服务发生的整个环境都应该被考虑进去。服务虽然是无形的,但是服务的过程大多数情况下都会有一个包含着通过身体接触或者与产品接触在内的物理性过程，并且会通过不同的方式把对整个服务的评价效果展现出来；同时，在服务的每个阶段的设计中，都会有相应的侧重点，这些侧重点都会对整个服务的过程和结果产生不同程度的影响。这就要求在设计某个单独的交互点或者接触点的时候，必须将这一环节放置在整个服务的环境中，分析顾客可能会下意识地用他们的感官感知到什么，这种无意识的行为可能会对服务本身的体验产生什么样的深远影响；例如，顾客在前台经历的接待服务态度很差，就极有可能使其对餐饮和卫生状况产生怀疑，这就是"服务是整体性的"这一原则的具体体现。

（二）服务设计的一般流程和工具：双钻模型

服务设计是一个不断反复的过程。它必须经历调研、分析、提出方案、最终效果图展示以及不断地模拟、测试，在细节设计和整体设计之间进行反复的跳跃，挖掘潜在的客户和他们不断变化的需求，设计出有市场、有价值的解决方案（图1-19）。

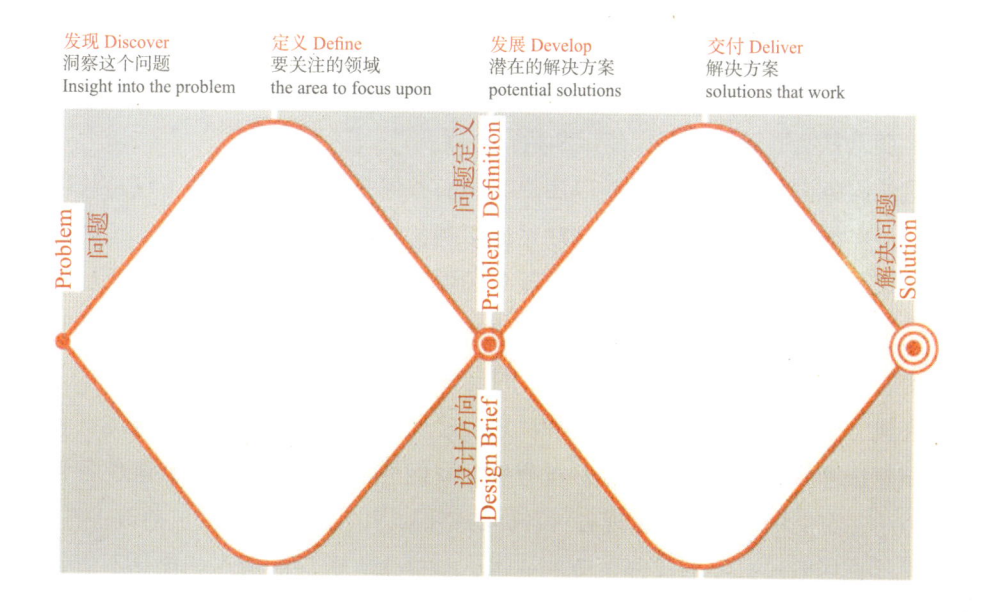

图 1-19 双钻模型

服务设计过程分为：发现问题、定义和分析问题、构思和设计方案、交付方案四个阶段。设计师们经常通过使用一种名叫"双钻模型"的工具来启动、构架、组织、运行和管理服务设计项目。这个"双钻模型"就是服务设计的一个重要工具。"双钻设计"模型是由英国设计协会提出的,该设计模型的核心就是:发现问题、分析问题和解决问题,一般应用在服务产品开发过程中的"需求定义"和"交互设计"这两个阶段,因为用路线图(流程图)绘制出这一工作过程所展示的图形形状好似两块钻石,所以就把这个工具形象地叫作"双钻模型"。

第一阶段:发现问题,就是对现状进行深入研究的阶段。包括了解用户特征、产品当前状况、用户如何使用产品以及用户对产品的态度等等。

第二阶段:分析和定义问题,就是要甄别和确定关键问题。这一阶段,要明确关注的焦点是:用户当前最关注、最需要解决的具体问题有哪些,还需要根据团队的资源状况做出取舍,聚焦到核心问题上。

第三阶段:构思和设计方案,就是寻找潜在的解决方案的阶段。这是一个思维(方案)发散阶段,这一阶段暂时还不需要过多地考虑技术的可实现性,因为在后续环节,一些看似处于技术瓶颈的方案,有可能会逐步演化为可施行的开发方案。

第四阶段:交付方案,就是把上一个阶段产生的所有潜在的解决方案,逐个进行模拟测试,在验证和分析之后选出最适合的一个或多个方案交付给方。

上述四个阶段也可以表示为其他形式,比如探索和聚焦问题、设计创造解决方案、反思方案可行性、模拟测试和执行方案。

虽然服务设计最终的目的是以用户为中心,但是在整个过程中不仅是从用户开始的。在前期的调研中,往往会联系许多利益相关者,与他们沟通,了解提供商的需求。服务设计者要搞清楚这个服务的提供方,提供这项服务的目的和整个的文化背景,这就需要提供商的工作人员的配合,在整个流程设计中共同创造,才能更有效率、更准确地完成整个项目的设计。

在概念初步生成的阶段,创新和反思会经历反复不断地研究。这是测试和重新测试想法和概念的过程。在这一过程中,我们的目的不是寻找能够避免各种错误的方法,而是尽可能多地发现各种各样的错误,并在项目最终完成前改正它们。概念设计试用阶段,不断反复更改的成本,与概念失败后的成本相比是不值一提的。有很多的项目就是因为前期没有及时地发现问题,导致在实施的时候与期待相差甚远,甚至比原服务体系的实施效果更差。

在完成前期调研后,并不能直接选定解决方案,而是要分析调研结果、发现问题,从某一服务的现有客户和潜在客户的角度对整体情况进行全面而深刻的分析。因此,这一阶段的服务设计会使用大量来自不同学科的方法和工具来探索和理解所有相关人员的行为和思维方式，比如用户画像、用户旅程图、用户期待图等；然后将这些发现"画"出来，可视化的形式能够尽可能利用到现有服务的基本结构，来展示有可能更改服务主张的某些方面，而这些方面可能暂时还没有适当地发挥作用。

然后进入反思阶段，把先前设想的初步方案、概念和框架进一步完善，进行模拟测试。这一阶段也许会面临许多问题，需要参与者不断地改善方案甚至重新提出新的思路。在整体框架建立后，可以邀请一些用户或者专家来体验，通过反馈不断地改善整个服务。这一环节是将服务概念原型化，是非常重要的环节，使用特定的环境和不同的角色扮演方法，将帮助参与者个人的重要需求与提供者的服务主张结合起来。他们的动机和参与对于实现可持续的服务是至关重要的。可以使用许多工具来进行协调沟通展示的方式，比如服务蓝图、故事版、道具、视频等。

服务设计最终形成的解决方案并没有一个具体的限定，只要能够清晰、准确地阐述设计者的整个设计理念和方案即可，无论产出的形式是App、实体产品还是网页等。

在完成服务设计项目过程中，"双钻模型"（图1-20）的价值在于以下三个方面：

第一，"双钻模型"将服务设计项目中不可见的思考过程进行了拆解，分为确定正确的问题和发现最合适的解决方案这两个核心部分，这使得复杂问题的思考过程变得更具有逻辑性。在日常工作中，可能会经常遇到在没有明确什么是真正的问题时，就开始对解决方案进行构思或激烈讨论，以至于耗费团队大量精力和时间后，才反思之前找到的问题是否是正确的。

第二，方向是否正确对于服务设计是非常重要的，只有明确或者剥离出正确的问题之后，再进行各种方案的不断探索才有价值和意义。"双钻模型"图中的第一个"钻石"，就是帮助项目参与者着重完成"找到正确的问题是什么"的任务，使得原本容易被忽略的问题和环节重新受到团队成员的重视，避免设计方案发生方向性的偏离。

第三，"双钻模型"令抽象的设计思考过程变得可见且具象。通过"双钻模型"设定的思考框架，可以使原本是"黑盒"的思考过程变得可见，被逐渐地以具象的形式呈现出来，促使团队成员对设计方案演绎过程的理解程度陡然增加，也相应地提高了合作的认可度和协作效率。

"双钻模型"促使项目参与者认清了发现正确的问题和交付解决方案是一个持续假设和验证的过程。它是服务设计的重要工具，同时也可以在日常生活中用于分析问题，寻找可能的优选方案。它不光适用于产品战略范围层，还可以应用于设计模式的细小点；但是"双钻模型"这种设计模式仍然属于设计工具，不是设计的指导思想或者具体的设计思路。在产品设计应用中，还需要结合用户的目标、任务、行为、态度等多角度综合分析。借助"双钻模型"，可以将设计师观察到的结果演绎成设计思考，再将设计思考表达为合适的设计方案，帮助我们更好地服务用户（客户）（图1-20）。

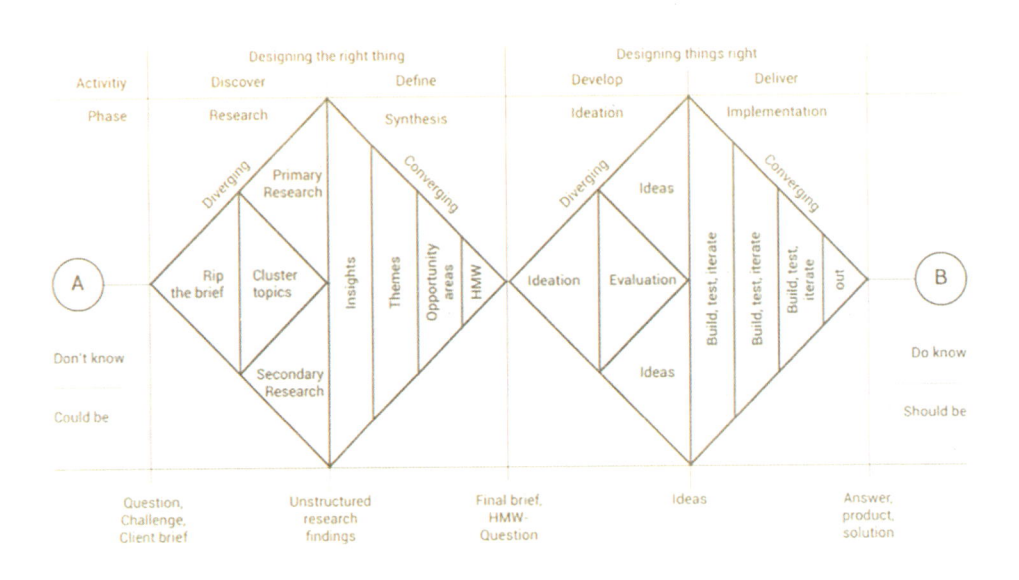

图1-20　双钻模型案例

由于服务设计属于涵盖多领域的研究方式，掌握服务设计思维方法和工具之后，还需要融合其他领域的工作方式和学科工具，才能完成好复杂的服务问题。森林康养服务专业性也比较强，涉及的领域和人员多，是典型的系统服务，从服务设计角度看待森林康养产业和基地运营，也需要结合多方要素，共同创造和不断迭代，才能提升森林康养服务的体验和品质，帮助森林康养基地运营，促进森林康养产业不断发展。

第二章　森林康养服务设计

森林康养服务设计是开展森林康养活动、提供森林康养服务前的一项重要工作，下文将从森林康养服务设计的概念、森林康养服务设计的内容、森林康养服务设计的理念这三个方面进行阐述。在森林康养服务设计的概念这方面，主要就森林康养服务设计的概念、优势以及发展进行阐述；在森林康养服务设计的内容方面，主要就服务对象、业态特色进行阐述；在森林康养服务设计的理念这方面，主要就接触点设计与五感设计进行阐述。

第一节　森林康养服务设计的概念

在亚健康群体比例增高和社会老龄化加速增长的背景下，人们注重健康保养的意识开始不断提升，以休闲康养旅游为代表的健康产业需求急速增加，人们开始由传统大众旅游的方式向个性化、健康、休闲、养生的方向转变，以康养为主题的旅游和休闲活动逐渐成为人们追求身心健康、生活品质的重要方式。"森林康养"的理念最早源自德国，后来流行于美国、日本和韩国等国家，又被称为"森林疗愈"或"森林疗养"。森林被誉为"世界上没有被人类文明所污染与破坏的最后原生态"，是一种不需人工医疗手段就可以进行一定程度的自我康复的"天然医院"，这已在国际上形成共识。

"健康中国"理念已成为我国国家战略之一，各相关部委和职能部门积极响应"健康中国"的号召,相继出台了一系列推进康养、旅游等多产业融合发展的指导意见、规划纲要及建设康养旅游基地的不同级别的标准,国家旅游局也正式将康养旅游确立为新的旅游方式。在上一章介绍德国森林康养产业模式时,研究数据表明了德国在推进森林康养项目后,国民健康指数总体上升,其国家健康费用的总支付减少了 30%。因此,发展"森林康养"产业是可以促进现代人的生活质量向更高层次迈进的,同时,还起到了预防和辅助治疗疾病的作用。

森林康养服务产业在中国的发展具有非常大的潜力。根据国家统计局发布的《2018 年国民经济和社会发展统计公报》显示,自 2015 年以来,第三产业(即服务业)在国内生产总值中的占比已经超过 50%,这标志着中国的社会发展阶段已经全面进入到服务经济时代,而健康服务业是社会发展到这一阶段的必然需求。在当今社会环境下,人们在自然中简单的活动已经不能满足多种康养疗愈的需要,因此,将服务设计理论和方法运用于森林康养的活动中,来解决以康养产品消费者为中心的需求问题,是未来康养产业发展的一大趋势,即发展森林康养服务产业。康养产品作为典型的复杂服务产品系统,具有融合度高、系统性强的特点,因而对于服务的体验感的要求会更高。有学者对森林康养基地服务系统设计进行了探索性研究,认为国内现有的森林康养基地各种服务产品还停留在满足感官体验的阶段,还不能满足游客的个性化和多元化的需求。这说明,国内部分学者已经开始在消费者对于森林康养服务产品需求方面进行了积极探索。(图 2-1)

图 2-1 我国 2014-2018 年服务业变化情况

图片来自:《2018 年国民经济和社会发展统计公报》

一、森林康养服务设计的概念

在阐述什么是森林康养服务设计之前,有必要分析一下森林康养活动和森林康养产业的服务特性:

森林康养活动的服务特性非常显著。森林康养的内涵可以进行狭义和广义的划分。狭义的森林康养指的是:以优质的森林资源和良好的森林环境为基础,以健康理论为指引,以传统保健方式和现代健康运动相结合为支撑,开展以森林疗愈、疗养、康复、保健、养生为主,并兼顾休闲、游憩和度假等一系列有益人类身心健康的活动;而广义的森林康养可以描述为依托森林及其环境,开展维持和恢复人类健康的活动和过程。前者更加突出专业理论在森林发挥康养功能中的主导作用,后者几乎涵盖了一切依托森林及其环境开展有益人类身心健康的活动和过程。森林康养是借助外部条件(森林资源)开展的活动,外部条件通常需要提供者,提供者提供的这些外部条件和开展的活动其实就是服务,而服务一定是存在差异的,所以开展森林康养活动就存在非常显著的服务性。

森林康养产业的服务特性非常显著。开展森林康养活动需要多种外部资源的支持和保障,包括森林康养环境的培育和设施设计、森林养生与康复、森林健身、森林休闲旅游、森林康养产品(食品、物品等)。这些支持和保障资源的研发和生产形成了新兴的健康产业。这一产业是以林业为主体,涵盖农业、工业、旅游业、商业、中药、体育产业和健康服务业等相关产业的产业链,这一产业链的服务特性非常显著,并且通过服务获得利润所占的比重还在持续增长。推进森林康养产业的发展,对促进林业供给侧结构性改革和林业经济转型、助推林区百姓致富、促进绿色健康产业形成和发展、推进健康中国建设等都具有重大战略意义。

在森林康养这个服务特性显著的领域开展服务设计,产出效果也十分显著。森林康养服务设计的概念可以被定义为森林康养基地(服务提供者)对有森林康养需求的消费者(服务对象、被服务者、用户)所提供的服务进行设计、规划、组织、模拟、检验的活动,是能够将森林的康养功能发挥出来的有效途径和方法,其本质是一种通过合理有效的规划与组织,来提高用户在森林康养项目中的体验感受和服务质量的设计活动。在规划森林康养服务的过程中和森林康养项目实施中,服务设计都是其中至关重要的组成部分。优秀的森林康养服务可以成为辅助疗愈的有效手段,能够让参与人员置身于森林之中,高效地利用森林环境,同时辅助多种其他必要的疗法和人为干预活动,在享受森林带来的愉悦和快乐的同时,达到预防疾病、纾解压力、康复保健等效果;还能够让康养服务对象选取适合养生的森林区域,通过参加养生项目达到心理轻松和身体健康的良好状态。

在中国当前的环境下,森林康养服务设计的主要模式是将优质的森林资源与现代康养理念和祖国传统保健方式有机结合,开展森林疗愈、康复养生、休闲娱乐等一系列有益人类身心健康的活动。设计者要将科学的服务设计方法有效地贯穿于整个流程,做到始终以用户为中心,最终达到满足消费者需求、解决用户实际问题的效果(图 2-2)。

图 2-2　优质森林资源

二、服务设计在森林康养领域的优势

森林康养服务设计是运用服务设计的方法来优化当前社会背景下的森林康养服务的策略设计,相关从业人员和设计者从服务设计的视角审视森林康养基地的服务系统整体情况,运用服务设计的理论、方法和工具对森林康养基地的设施、建设、服务等情况进行全面的调研分析、设计规划和优化完善,最终有针对性地设计出适合特定森林康养基地的服务系统的优化服务设计方案,为后续的森林康养基地服务产品与服务的再设计提供科学方法和借鉴。

服务设计与森林康养活动的结合可以使整个森林康养服务和活动过程更加顺

利合理地进行，为消费者提供更好的服务体验，同时带来更高的经济效益，这对森林康养产业的高质量发展起到了重要的推动和示范作用。一方面，康养产业作为融合度较强的服务业，消费者对其提供的服务体验感受有着较高的要求，消费者在森林康养活动的体验过程中也更加注重享受到的服务品质。使用科学的服务设计方法和工具，可以使森林康养服务的整个流程所涉及的利益相关者之间的关系更加清晰，因而更有利于提出创新性的服务方案，并建立起以被服务对象为中心的服务系统，优化服务流程和系统运作方式，最终实现吸引消费者的目标。另一方面，森林康养服务的类型也在随着科学和技术的发展而越来越丰富，互联网、大数据、人工智能等信息技术的应用，将促进多通道的服务体验设计的快速发展，许多新型的服务模式和辅助产品将会给消费者带来不一样的服务体验，相应地也体现出服务设计在森林康养项目中的必要性和显著优势。

1.服务设计在森林康养服务的实际项目研发中的优势

（1）科学运用服务设计理论指导森林康养服务设计，能够更加合理地利用森林资源与森林环境。

森林康养服务活动是以良好的森林资源和森林环境作为工作基础。这里的森林资源主要指的是有一定规模的以地带性乡土植被为主的森林景观，强调的是在保障生态功能的前提下考虑森林景观的营造。这里的森林环境主要包括森林资源组成的环境氛围，如良好的空气质量、较高的负氧离子含量、丰富多样的植物覆盖、适宜的温度和湿度、相对安静的环境等。用于支持和保障森林康养服务的森林资源和森林环境都是在森林康养基地这个共同的载体上呈现出来的。面对丰富的森林资源，森林康养服务设计可以最大程度地进行合理的选址、规划、设计和利用，并保证用户的良好体验，将自然资源以最合适的面貌呈现给消费者。

（2）科学运用服务设计理论指导森林康养服务设计，能够有效满足不同人群的康养需求。

不同的人对森林康养的需求一定是存在差异的：有些是维持身体健康的需求，有些是修复身体损伤的需求，有些是寻求心理减压的需求，有些是寻求身心健康愉悦的需求。通过森林康养服务设计，以不同人群的康养需求为导向，才能够有针对性地设计出旨在满足不同需求的森林康养服务项目，开发出不同类型的森林康养服务产品（图2-3）。

图 2-3 马斯洛的需求层次理论概述图

（3）科学运用服务设计理论指导森林康养服务设计，能够最大限度地发挥多学科知识的作用。

森林康养活动不是一般意义上的森林旅游，其项目和课程必须以科学的健康知识作为支撑。任何一个森林康养项目的建设，任何一个森林康养产品的开发，都必须以健康方面的科学理论和多学科的知识作为基础和指导，以用户为中心进行服务的统筹设计，这些理论和知识可以让用户充分了解、并选择适合自身状况的康养活动，最终达成放松身心、增进健康的效果。

（4）科学运用服务设计理论指导森林康养服务设计能够更加合理地配置相关配套设施、开发更加完善的森林康养服务产品。

在一个完整的森林康养项目中，除了基础的自然环境之外，还需要有多种森林康养配套设施。对于一个优秀的森林康养项目来说，完善的森林康养产品体系是必不可少的，而这就要求该项目够提供有针对性地满足特定人群康养需求的森林康养产品。通过运用科学的服务设计理论，设计者可以根据不同人群的特性和个性化的康养需求，结合森林康养基地自身的资源特色，通过森林康养课程（服务活动）的形式把不同类型的康养活动串联起来，并以课程的形式开展森林康养服务。

2.在整个森林康养产业的发展过程中，引入森林康养服务设计的意义和价值

（1）有利于落实生态优先、绿色发展的理念。

当前，林业产业已经从生产木材等初级林产品为主的阶段转向森林产品深加工以及生产森林生态产品为主的阶段。中央1号文件也曾多次明确指出，推进乡村振兴，要着力构建农村一、二、三产业的融合发展体系，实施休闲农业和乡村旅游精品工程，建设"森林人家、康养基地、乡村民宿"等。可见，发展森林康养产业，不仅是推进林业产业转型升级、巩固和扩大林业改革成果的需要，也是加快涉林产业供给侧结构性改革、实施乡村振兴战略、推进林业高质量发展的需要。森林康养产业的发展十分契合"绿色惠民、绿色强国、绿色承诺"的发展思路，是践行"绿色发展"理念的重点示范行业。

（2）有利于促进康养产业发展。

当前，我国有大量老人有养老需要，养老服务市场资金需求巨大，且逐年增加，然而实际提供的资金远远难以满足这种需求。伴随老龄群体对于保健的日益关注，未来森林保健养生市场潜力巨大。实践中，很多老年人非常青睐森林养生活动，想要在自然清新的环境中过着舒缓身心的生活。故而，总的来看，森林康养市场有着越来越大的发展潜力。

（3）有利于形成现代产业集群。

森林康养产业包括游憩、度假、疗养、保健、养老等一系列的领域和活动，它能带动多种产业相互融合，发展形成现代康养产业集群。发展森林康养产业，可以加速涉林产业从第一产业向第三产业转型，有利于促进林业产业结构优化升级，延长林业产业链，将林业的资源优势转化为可持续的经济优势，实现"经济、社会、生态"和谐发展的目标。依托森林资源特色，结合森林公园、湿地公园等旅游景区，有利于推动旅游业、健康服务业、住宿餐饮业等相关行业的发展，促进地方产业多元化发展。

三、森林康养服务设计的发展

近年来，我国国家林业和草原局，就森林康养项目的引进与推广进行了可行性研究，并积极与德、日、韩等国开展国际合作，现已开展的合作有：中韩合作

的"北京八达岭森林体验中心"、中德共建的"甘肃秦州森林体验教育中心"、福建旗山国家森林公园与法国某公司合建的"飞跃丛林冒险乐园"及陕西省筹建的多处森林体验基地等。特别是四川省林业厅积极运用"森林康养"的理念，在洪雅玉屏山国家森林公园修建森林步道与其他户外拓展设施，针对森林康养与体验互动项目，进行先行先试，取得了显著的成效。但从总体上看，目前国内"森林康养"项目规模及产业化程度，仍处于起步阶段，其内容仅限于森林徒步、森林娱乐、森林休闲旅游与康体活动体验等，还没有形成比较稳定、持续的产业链与经济效应。

森林康养项目中的服务设计就是对康养服务内容的设计，而其中的所有服务均属于市场经济行为，其经济意义十分明显，目前已有许多的学者及相关机构对森林康养产业的发展进行探讨研究：薛群慧和包亚芳提出了心理疏导型森林休闲旅游产品的创意构架；孙抱朴、吴兴杰从市场角度分析了森林康养是否可以形成一种新颖的、有价值的资源配置方式，是否可以形成内在经济循环系统、是否可以自动产生经济增值系统，对森林康养的商业模式进行了探究，并对森林康养的量本利分析、市场循环机制、资源整合平台等方面提出了建设性的发展建议；很多研究人员通过对森林资源的养生功效分析，提出了森林旅游向森林康养旅游发展的建议，但同时也指出了目前森林康养旅游发展的问题，并对森林康养旅游产品设计提出了新颖的构想（图2-4）。

图2-4 在森林中进行康养活动

近两年来，国内学界注重于森林康养发展规划、商业模式、市场定位等问题的研究，使得此方面的学术成果数量激增，比国外的研究成果更加丰富；但纵观整个森林康养产业的研究领域，真正高水平成果仍然是比较稀缺的，目前多数的研究还只停留在宏观层面的设想描述和探析，基于量化分析的案例还是非常稀少的。我国自20世纪80年代引进森林浴之后，便开始探索"森林浴基地"的规划与开发，有学者认为"森林氧吧"是进行森林健康养生活动的最佳场地，并以千岛湖养生基地为例，对规划"森林氧吧"所需要的条件与注意事项提出了建设性的建议。也有学者在2009年提出了"康养旅游"概念，认为康养旅游是一种建立在自然生态环境、人文环境、文化环境基础上，结合观赏、休闲、康体、游乐等形式，以达到延年益寿、强身健体、修身养性、疗愈康复等目的的旅游活动；同年，《中国园林》连续两期以"疗愈花园"为专题展开学术交流。李后强等人于2015年提出了"生态康养"概念。生态康养指的是在有充沛的阳光、适宜的湿度、洁净的空气、安静的环境、优质的物产、优美的市政环境、完善的配套设施等良好的人居环境中生活，并通过运动健身、休闲度假、食药调节等一系列活动调养身心，以实现人的健康长寿。从这个层面可以看出森林康养是生态康养的一种重要形式。

森林康养项目及其服务设计在中国仍然处于起步阶段，四川、湖南和北京等省市率先开展了试点建设。2015年，四川省林业厅公布了首批10家森林康养试点示范基地名单。2016年开始，国家林业局（现为国家林业和草原局）在全国开展森林体验基地和全国森林养生基地试点建设，公布的首批试点包括18个基地，覆盖了13个省份。中国林业产业联合会也积极推动全国森林康养基地试点建设，先后批准了135个（2016年36个，2017年99个）全国森林康养基地试点建设单位，覆盖了26个省份。

在2020年的中国风景园林学会上，"风景园林与健康生活"这一主题又被提及，森林、园林等地如何起到促进人们身心健康的康养作用成为当时的热门话题，森林康养服务设计应该如何去发展，是当今以及未来值得持续关注和研究的一个大课题。

目前，我国学者在森林环境对人类的心理及生理健康效应上已有了初步的探究成果，但其深度与广度还不够，使得在进行森林康养活动时缺少相应的科学依据，进而导致森林康养的发展难以取得更大的突破。因此，还需要加强实证研究，论证森林康养对人的心理、生理、内分泌系统及免疫功能等方面的具体效应和机制。此外，也要关注分子生物学、自动化控制、材料科学、仪器设备制造等领域的研究应用进展，把尖端先进的研究手段引入实证研究中。

还有很多没有服务设计背景的森林康养项目的设计规划者在对森林康养产业

发展的研究时，仅仅停留在定性描述分析阶段，定量化研究还比较少。缺乏对产业发展模式的可行性分析，商业模式的探讨也是仅在假设的基础上进行的，还没有进行具体的市场调查分析，森林康养项目的内部管理组织与管理体系尚待研究。因此，之后的研究中应该更注重基于市场需求与状况调查之上的森林康养发展与服务体系、森林康养产品优化与开发模式的探索。在聚焦森林康养产业发展的同时，也要加强康养人才的培养，通过学校与产业界的合作，携手卫生健康、人力与社会保障机构举办不同层级的人才培训班，或以项目为载体来进行森林康养人才培养。此外，还需要对森林康养的环境影响进行评价与管理，以形成相关法律、法规的形式体现对森林康养领域的指导和监管；在森林康养繁荣发展的同时，还要避免过度开发导致的生态破坏与环境污染。

森林康养在中国兴起不久，无论是在基地的规划建设上，还是基地的认证上都有所滞后。现在所研究的内容大多是对日本、韩国及德国等基地建设经验上的总结和验证，或是局限于传统的森林浴场所的设计上，针对森林康养基地的专项开发设计较为少见。在森林康养基地的认证上，目前四川省在试运行其符合本省情况的评审标准，而在全国范围的基地建设与认证统一标准还未建立。因此，就国家层面来说，迫切需要推动国家级的森林康养基地认证指标体系的构建，制定有利于森林康养基地规范化发展的政策和法规，并给予森林康养基地发展建设的各项支持和保障。

从科研领域来讲，在学习借鉴先进国家关于森林康养基地的开发与设计思路时，要结合我国森林康养基地的特点进行科学的定位，系统性地探讨森林康养环境因子与康养基地之间的关联关系，针对不同的林种及林地的气候地形条件进行专门设计，避免森林康养基地的建设千篇一律，有意识地促进森林康养产业得到多样化的发展。

在追求幸福生活的新时代背景下，森林康养产业势必成为资本追逐的新对象，成为新一轮上市公司投资的热点。但康养产业的发展不能杂乱无序、毫无规范，想要真正构建"森林康养"产业发展的市场体系，使之成为推动我国大健康产业和生态经济可持续发展重要战略的新引擎，还必须要从以下几个方面去研究与探索：

第一，探索研究国际"森林康养"产业的发展趋势。"森林康养"在国外流行已有较长的时间，积累了一定的成功经验，通过对世界各国"森林疗愈""森林疗养"项目的研究，积极借鉴国外先进经验，扬长避短，探索建立一个符合中国国情的"森林康养"产业发展新模式。

第二,探索研究森林开发与保护问题。2015年是国有林场与国有林区改革的重要之年。国家明确提出,在保持林场生态系统完整性和稳定性的前提下,鼓励社会资本、林场职工发展特色产业,有效盘活森林资源。总的来说,应就如下两方面展开探索:一方面,探索如何科学利用和开发森林资源,使森林资源开发与生态保护相得益彰;另一方面,探索"森林康养"产业涉及森林保护和其他相关产业(其中包括旅游、休闲度假、体育、娱乐养生养老等产业)的法律法规的完善与制度的创新等。

第三,探索研究建立"森林康养"产业新业态、新商业模式。"森林康养"是最近几年刚出现的一种全新的商业模式和业态,涉及面广,市场空间大,需要对其进行全面评估、规划与定位,建立一套科学的管理与评价体系,充分释放其巨大的经济潜能,才能成为推动我国经济发展与地方经济转型升级的一个新的重要支点。

第四,探索研究适合项目规划与设计的新理念与创意。"森林康养"是大健康产业的重要组成部分,其特点是多元组合,这涉及文化、历史、地理、生态及多种产业领域和业态。因此,在设计与规划方面,需要根据项目特性,将以上元素进行有机组合,形成一条业态丰富、相融共生的产业链,这样做不仅能产生较好的经济效益与社会效益,而且还能带来良好的生态效益。

第五,探索研究"森林康养"与资本对接。"森林康养"产业的发展,必须依托与资本的结合,如何运用资本运作与互联网金融,组建大健康产业投资基金,促进"森林康养"产业快速崛起,成为推动我国大健康产业发展的新引擎。

第六,探索建立规范的行业机制。对于各类新兴产业和朝阳产业而言,在最开始的发展阶段,普遍面临的问题就是缺乏规则、目标和方向,造成市场秩序混乱,最终影响整个行业的发展。基于产业前景和其他产业的前车之鉴,为避免一哄而上、滥竽充数、重走"先粗放发展—再精细化"的老路等情况的发生,必须从一开始就树立走精品之路的观念。政府及行业主管部门要积极主动构建严格的准入机制,制定规范的行业标准体系。森林康养基地作为森林康养产业发展的核心平台和载体,还需要具备一系列基本条件:优越的自然环境、舒适的游憩条件、良好的养生设施等。应根据森林康养资源的丰富程度、交通状况的便捷程度、健康指标的改善程度、卫生保健资源的储备程度和物质保障资源的供给程度等指标,对基地进行评级和分类。

第七，探索森林康养重点产业发展的领域和途径。在借鉴国外有益经验的基础上，我国的森林康养不仅要有差异化发展的定位，更要用好"互联网+"的发展模式实现抱团发展，做大做强森林康养产业。要鼓励和支持森林康养重点产业的兴起和发展，重点发展生态休闲旅游业、康养房产业、康养疗愈与健康管理业、康养教育培训业、康养文化业、生态养生农林业、康养用品制造业等七大产业。每项重点产业均应围绕高端、精细的目标瞄准方向，找准市场，如康养疗愈与健康管理业：一是要以现有综合卫生健康管理组织和机构为依托，重点针对亚健康群体、康复人群和患病群体，建立健全康养卫生健康服务体系；二是要面向所有群体，提供高水平、个性化、方便快捷、体贴周到的森林康养服务。

第八，探索加大森林康养业人才培养的路径和模式。人才是森林康养产业服务质量的保障和前提，是提升行业形象的核心竞争力。就我国目前而言，究竟如何培养森林康养产业人才，尚无明确的模式。在这方面：一是要加快康养教育培训业建设。大力开展高校教育和科研基地、中等职业教育和培训基地、国家级康养研究基地、全国性康养会议论坛建设，逐步打造休闲康养教育培训产业，构筑高层次的休闲养生科研教学平台，培养一批真正热爱森林康养业、胜任森林康养业有关工作、能够促进森林康养业发展的专业人才和从业人员。二是建立森林解说和健康疗愈师认证体系。在从业人员资格认证和培训体系方面，可以充分借鉴日本和韩国的成功经验，建立健全森林疗养服务人员资格制度和培训机制，定期和不定期开展进修培训服务和考核，提供科学、有效的森林养生康复指导。

国外森林康养研究的广度和深度均达较高水平。森林环境对人类健康效益循证、森林浴基地建设与认证及森林康养相关政策法规等方面的研究较为突出。国内对于森林康养产业发展的理论研究个案分析与田野调查不宜并列。方面较国外丰富，在森林康养对人的效益循证的研究上获得了一定的成果，但与国外研究相比，许多方面存在较大差距，还有进一步开拓与深化的空间。

虽然我国森林康养产业发展起步较晚，森林康养基地的服务流程、课程设置等相关研究正处于初级阶段，但是相关机构与行业学者都在对此进行积极地探索和实践，森林康养服务设计正在朝着标准化、科学化的方向发展。

第二节 森林康养服务设计的内容

　　服务设计运用设计的方法使服务流程中涉及的利益相关方之间的关系更加清晰，以系统化解决方案为用户提供更好的服务体验。森林康养系统作为整体性和流程性都很强的服务产品类型，借助服务设计整合优化过程中的各个要素，实现对服务提供、服务过程、服务结束每个接触点的系统创新，可以保证用户在整个流程中都能得到好的体验，良好的服务设计能够保障森林康养活动达到全局改善服务质量与游客体验的效果。

　　例如，日本的 FuFu 山梨保健农园森林康养基地就是一个较为先进的相关项目，该基地位于日本山梨市牧丘町，占地 6 万平方米，拥有丰富的自然资源和先进科学的管理体系，是日本知名的森林疗养基地。FuFu 山梨保健农园以基地酒店为载体，以丰富的自然资源为基础，以"健康管理服务"理念为指导，以专业化人才和先进设备保证疗愈效果，通过提供"定制化森林疗养课程"的方式，帮助不同需求的客人实现深度的康养体验，进而达到彻底放松身心和疗养休闲的目的。其服务保障具备以下因素：

　　（1）基础设施完备。

　　山梨保健农园以酒店为基本的课程活动空间，除了必备的餐饮住宿服务以外，还配有丰富完善的康养设施和设备，包括瑜伽教室、读书角、观星台、心理咨询室、按摩室等。

　　（2）丰富的自然资源。

　　作为课程活动的延伸和主要室外课程场所，山梨保健农园海拔差异明显、植被丰富多样，既有森林又有花园、农田、果园，为康养服务提供了良好而丰富的自然基础。

　　（3）专业化的人才队伍。

　　为保证课程的科学性、严谨性和治疗效果及安全性，保健农园还为课程配备了具有专业资质认证的康养老师、健身教师，包括芳香疗养师、森林疗法师、心理咨询师和按摩师等。

　　（4）定制化的课程设置。

　　山梨保健农园设置"两天一晚、三天两晚和长住"三种类型的康养计划以及一日游的康养体验计划，游客可以按照个人时间安排选择任一计划。具体课程依据"睡眠调节、运动保健、饮食调理、感觉活用、放松和沟通"这五个方面进行设定（图 2-5）。

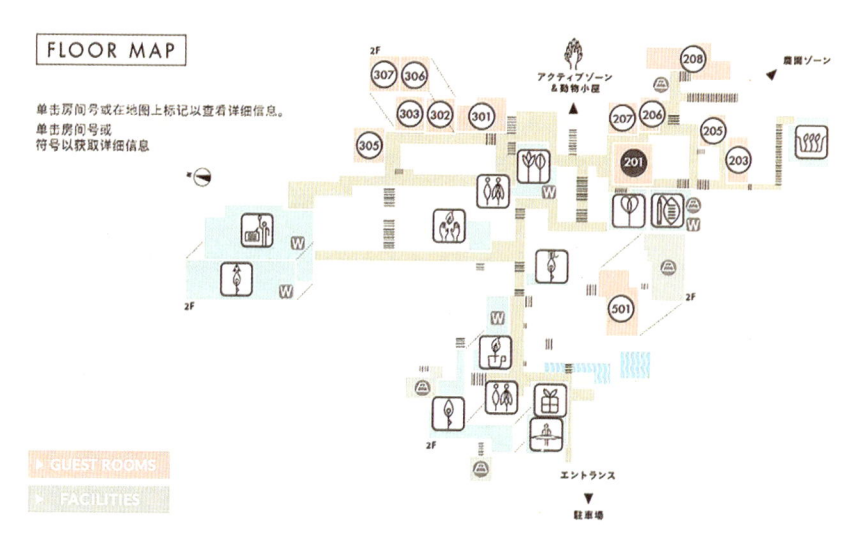

图 2-5　日本 FuFu 山梨保健农园平面导视图

在其他地区，除了政府对森林康养基地建设上的大力支持，研究者和相关机构也积极地参与基地的规划设计。例如，奥多摩森林康养基地就充分利用自然原始条件，构建可供人们康复治疗的人工林设施。设计者将森林康养基地当作一个"森林大客厅"，设计了瞭望广场、森林驿站等与自然零接触的"自然吧台"，并利用基地中较为平坦宽阔的场地，引入专业的卫生机构或健康保健类组织来此地建设以区域性老年康复、预防保健等为目的的森林康养设施。在丹麦，森林的疗愈保健作用日益被人们认同，近几年来已经有多个森林疗愈花园建成并投入使用。哥本哈根大学的一个由景观设计师、大夫、心理师和擅长自然疗法的专业人员组成的共创团队，对纳卡蒂亚森林疗愈花园进行了规划设计。在该设计中，通过森林环境中的自然疗法因子与人的行为的联系，设置了从个人私密的环境感官体验、到个人园艺操作、再到包含多个参与个体的疗愈体验、最后到完全无庇护的环境体验的四个不同层次的疗愈阶段，并根据各个层次对森林疗愈花园使用面积的需求来进行康复设施的规划设计。日本、韩国、丹麦等国都按照一定的标准对本国的森林康养基地进行了评估与认证，学者们也根据不同林地的特点对康养基地进行规划设计，使得森林康养基地建设朝着更加科学化和规范化的方向发展。

一、森林康养服务对象

根据服务设计的相关论述，服务设计所适合的对象是所有提供服务的行业，它可以是有形的，也可以是无形的。服务对象可以是饭店、学校、机场、卫健机构、公共交通，也可以是手机、电视和网络等。森林康养的主要服务对象是对生活质量要求较高或者想改善自身生活品质的人群，这一类群体还可以进一步细分为如下类型：理疗类、养生类、学习类、休闲类等。

同时，森林康养服务的重点对象是具有灵活性和可变性的。根据政府号召和政策，某些群体可能会成为森林康养服务的重点对象。

二、森林康养服务设计业态特色

森林康养服务设计作为一种业态，具备森林康养本身业态集中且多行业交叉并行的特点，在此基础上，各业界部门还在利用部门优势不断开发设计服务项目，拓展经营理念，发展新的业态特色。

（一）按照森林康养服务的对象划分

按照服务对象的类别进行划分，可以根据体验者的年龄、健康程度、主导需求、消费水平等方面打造有特色的森林康养服务。

1. 从消费对象的健康程度来看

"健康类"森林康养服务更多地偏重在"康"上面，即通过开展诸如森林观光、森林运动、森林体验等活动，维持身心的健康。"亚健康类"森林康养服务介于"康"和"养"之间，即在"康"的基础上，通过适度的"养"来修复身心健康，达到健康的状态。"不健康类或准健康类型"的森林康养服务则主要偏重在"养"上面，主要是通过森林疗养、森林康复等活动，来修复和调养身心健康。

2. 从消费对象的年龄分类来看

"少儿型"森林康养服务更多地偏重对森林和环境的认知，培养其良好的三观；"青年型"森林康养服务更多地偏重森林运动、森林体验等；"中年型"森林康养服务更多地偏重森林休闲、森林体验和森林辅助康养等；"老年型"森林康养服务更多地偏重森林养生、健康管理服务和森林辅助康养等。

3.从消费对象的主导需求来看

养"身"型森林康养服务以维持和修复身体健康为主,例如森林运动、森林体验等;养"心"型森林康养服务以维持和修复心理健康为主,例如森林冥想、森林静坐和森林文化体验等;养"性"型森林康养服务以维持和修复良好的性情为主,例如森林太极运动、森林音乐体验等;养"智"型森林康养服务以获取知识、提高智力为主,例如森林科普宣教、森林探险、森林科考等;养"德"型森林康养服务以提高品德修养为主,例如森林文化体验、生态文明教育等;"复合型"森林康养服务是指包括两种以上主导需求的森林康养服务。

4.从消费对象的消费水平来看

森林康养服务可以分为免费类、低收费类、中收费类和高收费类。不同的游客可以根据自身的需求和消费能力,选择不同类型的森林康养服务。

(二)森林康养基地的服务特色划分

除了将消费者分类进而打造具有相应特色的森林康养服务业态之外,我们还可以根据森林康养基地自身的特色,来设置一批具有相应特点的课程及服务。

1.森林主导康养

森林主导康养是指以森林自身良好的环境和景观为主体,开展以森林生态观光、森林静态康养为主的康养活动,让体验者置身于大自然中,感受森林和大自然的魅力,陶冶性情,维持和调节身心健康。提供的具体服务项目有森林观光、森林浴、植物精气浴、负氧离子呼吸体验、森林冥想和林间漫步等。

2.森林运动康养

森林运动康养是指体验者通过在优美的森林环境中,主动地通过肌体的运动,来增强机体的活力和促进身心健康的康养活动。具体康养服务项目有丛林穿越、森林瑜伽、森林太极、森林CS、定向运动、森林拓展运动、山地自行车、山地马拉松、森林极限运动、森林球类运动等活动。

3.森林体验康养

森林体验康养服务是指体验者通过各种感官感受、认知森林及其环境、回归自然的康养活动。森林体验康养服务主要包括森林食品体验(康养餐饮、森林采摘)、森林文化体验(森林体验馆、康养文化馆)、回归自然体验(森林探险、森林烧烤)、森林休闲体验(森林露营、森林药浴)、森林住宿体验(森林康养木屋、森林客栈）等。

4. 森林辅助康养

森林辅助康养是指针对身体状态处于亚健康或不健康的服务对象，依托良好的森林环境，辅以完善的人工康养设施设备，开展的以保健、疗养、康复和养生为主的康养活动。具体康养服务项目通常以森林康复中心、森林疗养中心、森林颐养中心、森林养生苑等形式出现。

5. 森林康养科普宣教

森林康养科普宣教主要是指对体验者开展森林知识、森林康养知识、养生文化和生态文明教育等科普活动。具体的森林康养服务项目一般包括：森林教育基地、森林野外课堂、森林体验馆、森林博物馆、森林康养文化馆、森林康养宣教园和森林课堂等。

6. 健康管理服务

健康管理服务主要是指为体验者开展健康检查、健康咨询、健康档案管理等有关健康服务的活动。

（三）森林康养服务设计的特色发展建议

森林康养产业的发展不能独立进行，森林康养服务业需要与其他产业融合发展，只有这样，才能发挥森林康养产业的发展价值，充分展现其不同地域和条件下的业态特色：

1. 森林康养与养生、养老产业的融合

森林康养产业的发展，离不开养生养老、体育保健等行业的支持。以某地区森林康养产业发展为例，该地区森林康养产业将养生养老、体育保健作为发展内容，积极与所在地区的养老、食药养生、体育保健等行业对接，在此基础上发展各种森林康养服务，主要包括森林保健养生、森林康复疗愈和森林旅游养老等等，通过对政府政策、资金、人才和技术的有效运用，促使这些产业不断交叉融合，以此来打造以森林康养为核心的产业集群。与此同时，森林康养产业还积极利用所在地区的人力资源，通过优质人才引进政策的实施，吸引高水平人才进入森林康养产业，为产业发展提供持续的支持。此外，基于不同人群确定两类不同的森林康养模式，分别是动态康养模式和静态康养模式，同时设置多个森林康养服务项目，比如森林冥想、森林越野、森林夏令营、森林瑜伽等等。最后，还在森林康养覆盖区域建设了各种设施和场所，为客人提供无微不至的服务，使其不同的服务需求都得到相应的满足（图2-6）。

图2-6 老年人在森林中开展活动

2.森林康养与旅游产业的融合

旅游是森林康养产业的重要发展内容，森林康养在发展阶段，需要利用丰富的动植物资源和人文景观吸引游客，同时，还要对林区内的基础设施进行完善，为森林文化教育区、历史文化区和自然生态区的建设奠定坚实的基础。以某地区森林康养产业发展为例，森林康养产业所在地区位于四省区的交界地带，地理位置极为优越，同时拥有旅游发展资源，有利于促进旅游产业的发展。为此，森林康养产业投入大量资金，用于宣传和基础设施建设，并凭借自身的位置优势，整合周边的旅游资源和客源，主动与文化旅游圈进行融合，同时强调区域旅游合作的重要性，通过打造候鸟式森林康养、中短期度假康养等项目，实现对森林康养产业的业态优化创新，最终取得了显著的成就（图2-7）。

图 2-7　武当山旅游村落

3. 森林康养与餐饮、交通和住宿行业的融合

森林康养产业的发展，与餐饮、交通和住宿等基础产业存在密切的关联。一方面，餐饮、交通和住宿是森林康养产业发展的前提基础，如果餐饮、交通和住宿产业发展效果不佳，无法满足人民群众的需求，必然会影响森林康养产业的发展。另一方面，森林康养产业在发展后，会吸引更多的客人，而这些客人的涌入，可以为餐饮、交通和住宿等产业的发展提供支持。由此可见，融合发展是森林康养产业未来发展的重要趋势，建议相关部门和企业予以重视。某地区森林康养产业依托所在地区的餐饮文化，建设和发展特色餐饮业，同时整合地区内的中小规模餐馆，打造美食广场，增强餐饮业的知名度和吸引力。除此之外，通过对林业建设用地的有效利用，建设以森林为主题的酒店度假区，并大力发展当地特色民宿和餐饮场所。最后完善所在地区的交通体系，落实乡村和旅游景点互通政策（图2-8）。

图 2-8　泰国清迈的森林主题餐厅

4.森林康养与农业、制造业的融合

森林康养产业在发展过程中，应充分发挥土地资源的优势，同时依据所在地区的动植物特点，建设种植园和养殖基地，比如：葡萄园、草莓园、苹果园、食用菌基地等等，在此基础上促进观光农业、体验农业和休闲农业的发展。此外，建设特色村庄和特色小镇，同样是森林康养产业发展的有效途径。最后，还可以根据森林康养产业的内容，发展与之相配套的产业，比如：森林食品制造、中草药生产加工和保健品加工等。通过生态资源的开发和利用，推动森林康养产业与农业和工业的融合发展。

5.森林康养与食药行业的融合

森林康养工作与食药行业的关系十分密切。开展森林康养要拥有足够的中草药知识、技术和专业人才，这方面正是林业发展的短板。因此，发展森林康养工作需要食药系统的介入和融合，从而快速地带动森林康养产业的发展。鼓励全国森林康养基地试点建设单位兴建森林康养院，引进相关行业单位或机构，发展中草药种植等方式与康养行业联合发展，为森林康养客户提供更优质、更专业的康养服务。大兴安岭加格达奇林业局利用大兴安岭独特的森林和气候资源结合中药材种植产业发展森林康养产业，现已建成寒温带地道药材基因资源库和寒温带地道药材种植基地 100 公顷，培育了赤芍、苍术等中药材 100 余个品种，完成野生药材抚育面积达 3333 公顷，野生蓝莓抚育 200 公顷，培育金莲花苗 1200 万株并免费向职工发放 600 万株。开发野生药材和食材，比如"藁本""老山芹"等地域性特色森林康养美食，开发苕条蜂蜜、金莲花茶饮等特色森林康养旅游商品。现已有 1850 名职工参与到与森林康养有关的产业活动，人均增收 1.15 万元（图 2-9）。

图 2-9　森林环境

6.森林康养与体育行业的融合

发展体育产业的根本目的在于提高人民的体质，森林康养是体育产业发展的新领域。在林区举办各种体育活动，如森林体育旅游、森林越野行走、森林高尔夫球、森林马拉松赛等等，对人体健康水平的提高会产生更好的效果。尤其是森林中开展各项体育活动对提高人体的体能及防病治病的康养效果最明显。体育产业与森林康养产业的对接必将会产生更大的社会经济效益。四川省发布了《关于印发四川省全民健身实施计（2016—2020）划的通知》，要求推动全民健身与养老、助残事业及森林康养融合发展，努力改善民生、促进社会和谐稳定发展。将各项竞技体育项目和特色运动，如森林自行车、森林越野行走、森林长跑以及攀岩、滑翔、长板降速等纳入森林康养领域。与体育部门合作在林区推广运动疗法，帮助当地村民依靠森林康养产业增收致富（图 2-10）。

图 2-10 大荫山丛林穿越活动

7.森林康养与文化、教育融合

森林康养与文化教育事业有着密切的关系，通过发掘地方独特的森林文化、开展森林自然教育、建立森林学校等方式开展各种文化活动，启迪人们的心智，愉悦人们的身心，陶冶人们的情操。将教育事业的发展与森林康养有机地结合起来，是教育事业发展的必然，将自然教育融入森林康养也是森林康养取得良好效果的有效途径。参与森林康养的体验者通过自然教育、认识自然、认识树木、认识花草、亲近动物，有助于体验者身体恢复和心灵疗愈。四川省委教育工委、省教育厅印发的 2016 年工作要点中，明确指出要加强对中小学综合实践活动的指导，加强校外活动场所的建设和使用管理，开展自然式体育教育，建设森林课堂，完成森林课时，使森林教育常态化、产业化。让孩子在大自然中轻松接受教育和进行森林康养活动，治疗一部分孩子的"自然缺失症"，使孩子们健康快乐地成长（图 2-11）。

图 2-11　森林环境下的户外拓展活动

第三节　森林康养服务设计的理念

一、接触点设计

接触点就是用户与服务发生互动的地方，是服务设计中非常重要的设计要素和设计切入点，是设计者驾驭和了解客户行动的关键点，也是建立忠诚用户的重要节点。接触点主要分为物理接触点、人际接触点和数字接触点三大类，森林康养服务的接触点设计以服务设计接触点为基础，利用森林康养的条件进行接触点的设计拓展。在森林康养服务设计中，"网上预约、前往基地、登记信息、报名项目、体验项目、办理离开手续"等都属于森林康养服务不同环节的接触点。接触点数量的多少可以根据森林康养基地的条件与项目具体内容来制定。

接触点越多越能加深企业与顾客的关系，但最大的困难也在于两者之间存在的可能接触点非常之多，在时间的推移下可能发生许多不同的接触点，并且服务设计所触及的是无形的经验。由此可见，接触点的多而繁杂且涉及无形经验是森林康养服务设计上的一大挑战。Livework 设计公司曾提出了是否能真正设计的疑虑，但无论如何，发生在顾客旅程中的许多顾客接触点，都需要精心地予以设计与管理，而服务创新则真正发生在此旅程中的每一个接触点上。MCorp 顾问公司（Mcorp, n.d.）也明确指出"设计更聪明、更好、更快的接触点可为公司创造价值，这说明公司已进入创造更佳结果的道路上"。

有效的接触点可令用户更愿意体验你的服务，而无效的接触点则会令用户远离。追求卓越服务的企业，只有在任何时间（Anytime）、任何地点（Anywhere）对任何人（Anyone）都能提供品质一致的服务，才能建立起良好的企业识别与品牌形象。任何人（Anyone）是指与顾客接触的服务人员；任何地点（Anywhere）所指的是顾客的接触点；任何时间（Anytime）则是在任何时间点顾客均可获得相同质量的服务。企业必须抓紧任何可能的机会对接触点进行界定、改进、创造、移除并加以控制，才能在服务产品生命周期中的每一个阶段都促使企业独特发展。

抓住关键接触点，可创造服务的关键时刻（Moment of Truth），而顾客的实际体验效果一般需要高于顾客预先的期望才能达到顾客的满意度（图 2-12）。

图 2-12 关键接触点

顾客对任何接触点所产生的感受与体验，都是企业提升或维护公司形象品牌价值所必须加以考虑的重要因素。每一个接触点的发生都是顾客在连接或触动公司的品牌，接触点以各种不同的方式使顾客与品牌互动，以使顾客对雇员及其他利益相关者产生良好的印象。接触点可以是单独的，也可以是成群地与顾客接触。服务过程中的联络点一般也是接触点，但接触点并不一定是联络点，每一个接触点都能对客户端的体验产生不同的影响。通过适宜的接触点设计，可以成功地满足用户的需求与期望，相应地也就能提高用户的获取率和获得感，从而提高用户的满意度以及忠诚度。

当企业的经营模式朝着服务生产的方向发展时，就意味着服务的接触点必须被开发与设计了。对于服务系统而言，就是自觉地连接服务接触点的架构，以便使接触点能彼此感知、响应与强化，并且能够有效地反映人们所期望的任何时刻的体验。因此在服务设计时，必须考虑所有接触点的完整性与系统性，并创造清晰、一致和统一的顾客体验。

（一）定义接触点

广义的接触点指的是所有的沟通传达点，涵盖在用户关系的生命周期中，是组织与用户之间所有的人与物的理性互动，服务接触点则是指具体有形的对象在构成使用服务时的整体体验。英国国家议会则定义接触点为组合服务整体体验的有形物或互动。从企业角度，则认为接触点是公司与顾客两者之间关系的每一次互动。从品牌角度来看，接触点是品牌出现在公共场合以及产生客户体验的各式各样连接点。所以，可以将接触点描述为在企业与客户关系的生命周期之内的所有沟通、互动与连接的综合体验。

接触点有多种类型和划分方式，是互动的每一个点，可能是内部或外部的，可视的或者不可视的。接触点基本上可分为人物、信息、递送三大类，但基于不同的目标群体，接触点在公司和市场上可以区分为销售、传统大众媒体、间接沟通和一对一沟通四大类。按照沟通的方向进行划分，则可分为单向的静态接触点：例如产品、广告、传播等，双向的人类接触点，例如销售、呼叫中心、服务等，多向的互动接触点，例如网络日志、电子邮件、网络等。但就体验的角度而言，则又可区分为购买前体验接触点、购买中体验接触点、购买后体验接触点。在创新设计活动中，服务接触点则包括数字接触、人与人之间的互动、物理接触，以及由企业程序、市场与开发、策略与企划中可获得更多类型的接触点。

服务设计的接触点有很多是集中在使用者在时间轴上与企业的互动行为，包括商店本身，来店指示标志，店内人员所说的话、包装、购买等，这些接触点基本上是环境、对象、程序与人的组合。

（1）环境触点。

环境触点是服务发生的地方，可能是物理地点，如商店，也可能是数字或无形的地点，如电话或网站。

（2）物件触点。

物件触点指的是对象在服务设计互动所使用的物件，通常是可见的和有形的，如餐厅的菜单、机场的柜台等。

（3）程序触点。

程序触点包括服务如何演出，如何预订、创造与传递。程序可以是简短的，也可能很复杂。

（4）人触点。

人是服务最重要的部分，因人而使服务变活，在服务设计中有两类人需要被设计，即顾客与雇员，设计师不能创造人，但是却能创造角色。

接触点的种类并不拘于上面所提及的，综合而言可包括：口语传播、交互式语音应答系统、沟通的印刷品(食谱、地图、票等)、地点的特定部分、对象、物理地点、物理环境（商店、接待区、交通环境、应急救助站等）、顾客服务（呼叫中心、客户代表、接待员等）、商店、通讯和邮件、运输、电子邮件、伙伴、网站和网络、手机与PC接口、广告、标志、销售点等。另外，从品牌接触点来看，品牌视觉识别体系中的视觉应用系统包括企业文件、数字媒体、形态、营销素材、广告、发表与提案、展览、标志、包装、服装、小物品等，这些项目均可视为潜在接触点的参考。

（二）分析接触点

分析接触点主要是从用户角度出发来描述多渠道的客户程序，从分析中发现客户服务的改善情况，以造就高满意度的服务水平，同时也对客户在各服务程序中的互动情况进行可视化分析。

在分析接触点之前要先理清接触点，基于顾客认知和关键需求，结合可操作性，找出其中价值感知的关键点，强调的是接触点的数量和质量。通过建立业务全流程与用户接触点的路径跟踪体系，强化用户对产品、服务、情感体验等的价值感知情况，进而找到顾客的认知闭合点。

路径跟踪体系特别适合长流程、多触点、多节点的业务，将这一体系应用于内部管理优化并辅助进行市场业务的判断和提升，会有助于实现利润增长。在进行路径跟踪体系时，需要强调的是要从用户视角出发，以全流程、全渠道、全生命周期原则理清接触点。

全流程接触点的路径跟踪体系设计分为三个步骤：业务流程分析、节点分析、结果应用实施。业务流程分析，是要画出完整的业务流程路径图，以用户视角由触点开始到内部流程进行完整的穿越，找出每个路径的节点，是启动市场的杠杆点；节点分析，是根据业务历史问题，按照环节和原因两个维度，依据优先级找出原因；结果应用实施，是分析输出、执行方案输出。

在进行接触点分析时，通常采用接触点对应法和接触点卡片法这两种：

第一种接触点对应法是 MCorpConsulting 顾问公司提出的实务运作的方法，用于协助检查审视服务问题，以缩小差距及改善客户体验，并提升接触点的表现。经过衡量接触点可以评估服务工作的优劣与原因，进而可以对接触点进行新增、修正或移除，使服务工作更加顺畅，或者降低服务成本或者增加效益；移除不利的接触点不但可以改善流程而且可以降低成本；而增添一个具有创见性的新接触点通常可以满足未知的用户需求，也有可能大幅提升客户的忠诚度。因此 MCorpConsulting 顾问公司宣称接触点对应法可以协助企业更好地理解、衡量与改善接触点的表现；另一方面，新的具有创见性的接触点可提供并加强化客户端的体验，以增强企业的品牌形象与差异化。

第二种，接触点卡片法是斯宾格勒（Spengler）和沃斯（Wirth）在 2009 年提出的。服务接触点的分析可分为现有的、潜在的和创见性的。现有的服务接触点是在服务程序或系统中已经存在的接触点；潜在的服务接触点则属同类服务系统已有使用而本系统未采用的接触点；创见性的服务接触点则是新出现的、以满足未知的客户体验的具有创造性见解的接触点。接触点卡片法通过强化思考的方式创建新的接触点，以衡量在客户旅程上增添潜在接触点的可行性。

服务设计是系统化的设计，涉及服务系统、服务程序、服务带与服务瞬间，而服务接触点处于服务瞬间的关键时刻，是整个服务系统的核心，若能掌握接触点也就能控制服务系统。在对服务接触点进行分析时，除了着重聚焦在"服务中"，还应考虑"服务前"与"服务后"的所有可能接触点，可以将构成服务流程作为坐标横轴，并分别以人、物、程序及环境四大项要素作为接触点分析的坐标纵轴，同时再加上一个数字化发展的可能性作为思考要素进行分析。在完成服务接触点分析之后，则应该依据接触点的特性，对可能产生的设计项目进行规划，以方便进行整体的服务设计。上述的主要概念模式可以通过可视化的形式呈现出来，如图 2-13 所示。

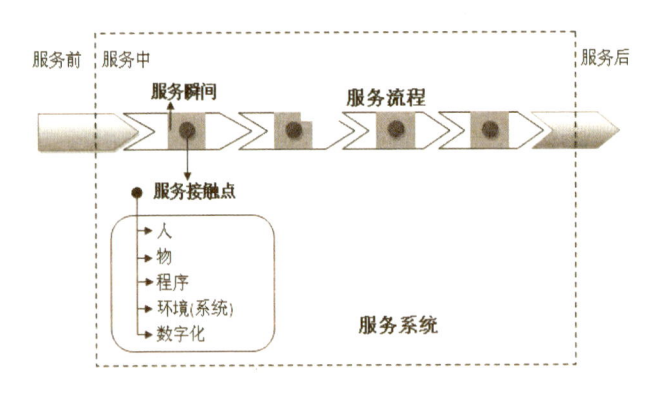

图 2-13　服务设计模式

二、森林康养服务中的五感设计

五感就是视、听、味、嗅、触这五种感觉，对应的感觉器官就是眼、耳、口、鼻、手。日本平面设计大师原研哉先生曾基于其设计作品完成了专著《设计中的设计》。他在书中提出五感设计本质定义：利用感官表现奠定设计方向和设计目标，将设计理念融入平面设计工作中。一般而言，平面设计作品所表现的并非固定视觉表现，更多的是需要结合五感设计来实现信息传达，通过轻松的、刺激的模式提升受众的感官体验。

既然平面设计都可以结合五感设计进行信息传达，那么服务设计当然也是可以的，事实上，森林环境对人体的作用首先就是通过五感获取的。森林康养服务中的五感设计基于"以用户为中心"的服务设计理念，升级了用户置身于森林康养基地之中与五感之间的联系，关注服务对象主体的不同感官反馈，注重提升用户的使用体验。森林康养五感设计目前主要停留在理论层面，其设计原则可以简单地归纳为视觉主导原则、综合运用原则和语境统一原则这三个方面。在森林康养服务设计过程中引入五感设计理念，可以丰富森林康养的项目形式、增添各项活动的趣味性以及提升用户的体验感，五感设计为森林康养的开发提供了更多的可能性，使服务体验项目以多角度、多层次、多方面的形式进行展现，给用户带来多维度的感官享受，促进不同设计领域的创新性发展。

有物理学家曾经将五感与认知表述为"一切都是皮肤上的事件"，人类所有的认知都源于"膜"对物质的反应，即通过神经系统（各种膜）传到大脑（皮层，也是一层膜）的刺激。视觉的感觉是光在视网膜上刺激的反应。听觉的感觉是耳鼓（耳膜），一片位于耳朵深处、直径仅 8 毫米的薄膜觉察到的空气震动的反应，气味与味道的感觉则是鼻腔的鼻粘膜和舌表的粘膜接触物质形成的反应；所以对"膜"的认知并不局限于皮肤上的那些。感觉的形成是通过客观事物的属性形成外界信号，经过转化器官转换形成感官信号，最后经过神经系统转换形成感觉和认知。接受外界刺激的特化器官与分布在身体上的感官神经是生物体获取外界信息的渠道，所以各种森林康养活动在用户开始体验的那一刻起，就启动了一切感官接收信号，设计就是要对这些感知"膜"产生作用，通过五感完成信息的交流，形成身心放松、舒缓的感觉认知。

亚里士多德认为，处于感官最低级位置的是触觉，它具有产生快感与痛感、喜欢与厌恶等基本能力，紧跟在触觉后面的就是味觉，因为所有的生物都必须为了生存而摄取营养；同时，在味觉与触觉感官的活动方式中，感觉器官和感觉对象之间最为接近，并且二者对对象的感觉都不需要外部媒介；视觉和听觉在促进人类认识发展的方面被认为比其他感官要优越得多，它们能为理性官能活动提供大量必要的感觉信息，还能促进人类知识的发展和交流，其依据就是视觉对象的整体性。所以，视觉和听觉多是客观信息的源泉，而相对的味觉、嗅觉和触觉则更多地具有主观性。

皮亚杰的认知心理学研究成果表明：人类对外界的感受其中60%（也有说70%的）来自视觉、20%来自听觉、15%来自触觉、3%来自嗅觉、2%来自味觉。除以上5种感觉之外，还包括感受温觉、疼痛觉、平衡觉等感觉。

（一）视觉

感觉研究领域有个著名的问题：如果一个人生下来就是盲的，然后有一天他忽然能看见了，这时有人拿一个立方体和一个圆球给他，他能够仅凭借眼睛看而不用手摸，就知道两者的差别吗？研究者们都认为"不能"，并进行了说明和解释：如果是一种主体通过触摸的方式了解到的形状，该形状可通过某种"联觉"的出现而与视觉建立起关联；但是，第一次体验到的视觉刺激的意义与任何其他感觉认知均无纽带，这时候被眼睛接收的光刺激的意义还没有得到与其他感觉认知相联系的评估，直到此人摸到其形状，或嗅到其味道，并与其他感觉刺激的联系建立起来以后，这个人才开始理解那光刺激的意义，此时，看的能力才算建立起来了。这足以说明视觉的重要性。

眼睛是人类获取信息的主要感觉器官，同时也是人们体验环境空间的主要感觉器官。视觉是通过客观事物刺激视觉器官产生的主观映像，是识别和认知的主要手段。视觉体验主要发生在大脑里，是人类最重要的感觉。周围世界的信息大约有60%~70%是通过我们的视觉系统来加以接受和理解的，人类绝大部分生活都是围绕着能看到的事物进行的。视觉是获取外界信息最多、占比例最大的感觉器官，对森林疗养的感受最为直接。人们接受、了解、鉴赏森林环境，很大一部分信息交流是通过视觉来实现。华盛顿大学神经学家艾森认为整个大脑皮层（即大脑皱褶的表层），用于视觉的皮层区域面积多于用于其他感觉的皮层区域面积。视觉转化为意识的过程主要包括以下三个阶段：

初步感知阶段（感觉的识别阶段，即感性的阶段、无意识的阶段）：这种单纯的视觉感官刺激带给我们的是对物象和环境的空间坐标定位感（水平、垂直、方位等）、距离感、透视形态和形式感等，如对方、圆、三角形等形状的单纯感知，色相、明度、纯度等颜色感知形成初步的综合感知。

辨别、唤起记忆和意识作用识别阶段：根据对环境空间的初步感知，反映到大脑，大脑会带来脑部联想、记忆、唤起记忆、对空间的初步评价和心理感觉。在这一阶段，文化背景、历史内涵和风俗习惯等观念和意识的信息加入进来，此时人的心理感受也就负载了相关的历史文化和风俗习惯的内容，从而形成了对空间、人文和自然感受的融合，也就是形成了场所精神。

指导意识和行为阶段：前两个阶段已经形成了对空间的感知、对历史文化内涵的认知和对空间场所精神的认知，其后意识反作用于人的身体器官和神经系统，形成生理和心理反射，来限制和引导人们的行为与心理活动，构建更为合理的意识和行为方式。

上述三个阶段表明，人类通过视觉感官获取信息，反映到人脑，形成对空间、人文、自然、场所精神的综合体验，使体验者能够产生多种多样的空间环境体验感受，而后形成意识反作用于身体和心理，进而引导行为。

通过视觉感受，我们可以获得森林疗养环境空间的形式感、远近感、方向感、色彩感，以及这些感觉对人形成的心理影响。有研究表明：绿色是视觉神经调节和休息的最理想的颜色，并且绿色植物与术后疗养人员的康复速度有较大关系；1987年日本的学者青木阳二提出"绿视率"概念，即绿色植物在人的视野中所占的比例。研究发现绿视率与人的寿命密切相关，世界上长寿地区的"绿视率"都在15%以上。所以，绿色对于消除眼睛与心理疲劳的作用是非常值得充分挖掘和利用的。因此，对于疗养环境而言，应以绿色为主调。但同时，也不能全是绿色，那样就会变得单调和枯燥，所以需要不同颜色相互搭配、衬托，不同色彩的植物带给人的心理感受是不同的，对于身体的影响也有所不同，例如：绿色有助于排毒、消炎；红色有助于促进血液循环；黄色对肝脏、胰脏、胃部均有益等。只有运用好不同色彩进行视觉环境的设计，才能满足不同疗养人员的心理和生理需求。

（二）听觉

听觉是外界声音刺激作用于听觉器官而产生的感觉，是声波作用于听觉器官，使其感受细胞兴奋并引起听神经的冲动发放传入的信息，再经过各级听觉中枢分析后引起的感觉。听觉是仅次于视觉的重要感觉通道，是人类与自然界相互联系的重要工具。听觉是通向语言的途径，是人类第二大非常有效的感官系统。一个正常婴儿初到人世，甚至还未降生时，在母亲的子宫内其耳朵就能适应人类的声音，以此增强语言、情感和智力等与神经中枢之间的联系。

声音是构成空间环境的一个重要元素。空间环境中的声音通过刺激我们的听觉感官，对我们体验风景产生了微妙的且不可忽视的重要作用。例如，自然界的各种声音：潺潺的溪流、飞流的瀑布、蝉叫鸟鸣、徐徐微风；还有各种人造的声音：喷泉声、撞钟声、风铃声、琴弦鼓瑟之声等。这些声音的复合作用，为我们体验和欣赏环境空间增添了不少的乐趣。

20世纪60年代，默里·谢弗（Murry Schafer）提出了"声景观"（soundscape）这一概念，此后，以视觉为主要感知手段，辅以其他感官共同体验风景的思想出现了萌芽。1975年在德国Bissingen村的专家对当地的"声风景"进行了收集和鉴赏，他们从上午11点开始记录村内的多种声音，包括树林间的鸟鸣声、草地里的虫鸣声、树枝与风雨相交的声响、教堂的钟声、汽笛声等，并且以规划图的形式展示了出来。他们认为与周边环境融为一体的声音是组成环境风景、形成场所精神不可缺少的元素。日本在20世纪80年代末，"声环境"概念借由同一时期野外调查等环境启蒙活动而广为人知。对自然非常虔诚的日本人意识到了"声景观"的重要性，他们于1996年挑选出了"日本声风景100选"，对包括山形县山形市山寺的蝉鸣、北海道鄂霍次克海的流泳声等具有特色的声音风景加以保护。

不同植物在风雨作用下能发出不同的声响，都有一定的疗愈心灵、缓解压力的作用。例如，竹林对心脏病患者有镇静的作用，松林中松涛之声也有疗养作用，荷池边残荷听雨会使人产生无限的联想。植物配置适量水体也能带给人美好的听觉享受，水边配置菖蒲、彩叶芦竹、鸢尾、水葱等湿生植物所创造的意境就非常的舒缓、减压。比如，美国伊丽莎白和诺那·埃文斯疗养花园中的探索园，布置了很多有特色的水景：瀑布、水池和流水，为疗养人员提供了独特的听觉享受；再如，拙政园一隅种植大量的芭蕉树，下雨时节不仅能够观赏到美丽的芭蕉形态，更能够聆听到"雨打芭蕉"的美妙音律，在景观庭院中形成了"雨打芭蕉"的一幕音画美景，使疗养人员心里获得美感。

听觉还能够产生对环境的特定认识，对人的潜意识和残障儿童的自信心塑造都有着重要的引发作用。Pinistrup Center 是丹麦的一个以增进残疾儿童和正常儿童交流、教育和关爱残疾儿童为目的的教育中心，在规划设置户外活动区域时，专门设计了利用听觉营造场所认同的训练场所，利用不同树种、树叶的大小及质地的不同，其在风中所发出的声音具有微妙的变化，再通过在不同区域进行不同的树木配置，构建出便于听觉敏锐的视觉残障儿童进行自我定位的场所感。不同环境中不同树叶的声音起到了场所感媒介的作用，使空间的重心由视觉转到了听觉。

在中国，声音治疗扎根于深厚的中国传统文化之中，比如传统国学的"肺腑、经络学说""阴阳学说""五行理论"等，都有声音疗法的探索印记：国学认为阴阳可以由声音得到平衡；音乐养生，主要是针对机体阴阳盛衰的属性，利用音乐声调的高低来补偏救弊，进而协调人体机能的阴阳平衡。森林不仅能为人们提供安静舒适的疗养环境，防止噪声侵扰，它还能通过创造良好的听觉环境，起到辅助疗愈的功效。"荷清蝉鸣""雨打芭蕉""万顷松涛"等诗画意境就是借助不同声响达到消除烦躁情绪效果的。疗愈空间不仅要为需要的人创造出合适的景色，更要设计出一个祥和的声音环境，才有利于康养活动的展开。

（三）嗅觉

我们的生活离不开空气，而空气都有一定的气味，或清香或甘醇……空间场所中的事物不同，散发的气味也就不同，微妙的嗅觉差异能够暗示空间场所的变换。人类对环境空间的认知和记忆过程，除了物理特性的形状、体量、色彩、质感等视觉、听觉、触觉要素之外，气味的识别对场所的认同也起到了不可忽略的作用。气味也是构成空间环境、体现场所精神的重要因素之一，是我们与空间环境之间相互交流的媒介，它包含了空间的信息和特色，加之对心灵的刺激，可以使人对环境形成愉快、寂静、孤独、热烈、悲伤等情感认知。

我们鼻腔上方的一小块区域内，包含着 1000 多种嗅觉的感觉神经元，物体发散于空气中的物质微粒刺激鼻腔上的感受细胞引起嗅觉感受，嗅觉可以直接进入我们大脑的记忆区，具有情绪反应的作用。2004年诺贝尔生物和医学奖得主美国的理查德·阿克塞尔（Richard Axel）和琳达·巴克（Linda Buck）宣布他们发现了约1000个不同的气味受体基因大家族。每一种嗅觉受体细胞只拥有一种类型的气味受体，每一种受体能探测到有限数量的气味物质，但它们可以产生大量组合，从而形成大量的气味识别模式，这也是人类和动物能够辨别和记忆不同气味的基础。

嗅觉感受在环境空间中通常与视觉、听觉、味觉相辅相成，如"色香"，"微风过处，送来缕缕清香，仿佛远处高楼上渺茫的歌声似的"等。当听觉、视觉损伤的情况下，嗅觉就会充当起重要的交流桥梁，弥补视觉和听觉的不足。盲人、聋哑人常常根据气味来认识事物，了解空间环境，确定自己的位置和路线。气味在营造场所氛围、引导人们行为等方面起到了重要的作用，不容忽视。

不同的气味表达了不同的情感和内涵，这种借物抒情的功效用在森林疗愈手法中十分明显，对人的心理和行为有着不同的影响：有的气味振奋精神，有的镇静情绪，有的则让人躁动。以植物散发的气味为例：杉树、扁柏、冷杉树木散发的气味中含有"散发性芳香物质"，可以让人头脑清醒和兴奋。美国费城莫尼尔化学感觉中心主任布肯姆认为：气味对人类行为和生理方面的影响远远超过我们目前所了解到的；中国北宋著名的思想家、政治家、文学家王安石写过一首题为《梅花》的咏梅诗："墙角数枝梅，凌寒独自开。遥知不是雪，为有暗香来。"就很好地诠释了嗅觉体验的重要作用，画面感极强，仿佛身临其境。嗅觉最值得探究的能力是它能唤起记忆力。莫尼尔化学感觉中心心理学家赫兹认为嗅觉记忆的关联关系，是由于"嗅觉具有情感的特性"而产生的。一种气味在大脑中的第一通道是嗅球，是两个形如紫黑浆果大小的一块皮质，神经细胞就从嗅球伸展通过颅骨进入鼻子。比如，由桂皮飘来的气味分子与这些嗅神经细胞相结合，嗅神经细胞发出信号首先到达嗅球，然后再经过边缘系统性驱动到情感和记忆部位。

现在康养活动中常用的芳香疗法就是在利用嗅觉刺激舒缓精神压力。其实，香味疗愈的方法古已有之，素有花香袭人治百病之说。不同的香气以及香味的浓淡，能引起人们不同的感受，从而产生不同的疗效。中国古代有"香佩疗法"，国外有"香花诊室""花木诊所"等。芳香型保健植物主要通过散发出来的各种香气或者其他挥发性物质发挥疗愈作用。例如，侧柏、柳杉、湿地松下层植物等挥发的精油具有消炎、止咳等功效。这些活性挥发物质随疗养人员吸气而进入支气管，通过与肺组织接触，既有利于对呼吸病变的治疗，也有利于生理和精神上的恢复。据日本森林综合研究所对森林疗养的一项研究成果表明：吸入杉树、柏树的香味可降低血压、稳定情绪；有专家认为，构成木屑香气主要成分的萜酯、柠檬萜具有松弛精神、稳定情绪的作用；再比如，桂花含有大量芳香物质，具有化痰、止咳、平喘的作用，对于气管炎患者非常有益；玫瑰花含有香茅醇、芳樟醇等，闻之能让咽痛、扁桃体炎的患者的症状有所舒缓，对病情好转有帮助。可见，有意识地设计康养活动空间和路线中的气味，能够提升康养体验效果。当然，还需要注意花粉和季节性过敏情况，特别是过敏体质的易感人群。

（四）味觉

味觉是指个体辨别物体味道的感觉，可尝的物质必先进入口腔，与舌穴及味蕾接触，然后才产生味觉。味觉让我们对外在的世界产生感受、感应和理解，显示了大脑综合感觉信息并产生一种独特感觉体验的能力。人类能分辨酸、苦、甘、辛、咸 5 种基本属性的味道。传统文化认为，五味（酸、苦、甘、辛、咸）源于天地之气，按照味觉物质属性，甘味代表营养物质（或能量物质，如糖、蛋白质和脂肪），咸代表食盐，而酸、苦、辛则代表抗营养物质（可以理解为调节营养平衡的物质）。中国人至少在 3000 年以前就已经意识到味觉和健康、疾病之间的"表里"联系。

《黄帝内经灵枢》中专门提到，根据"五味"之"表"判断脏腑及功能之"里"，建立了五味与脏腑关系的思想，认为酸入肝、苦入心、甘(甜)入脾、辛入肺、咸入肾；通过"五味"的传感与机体内部五脏六腑的功能建立相互联系，形成五味与机体五脏六腑、神经、免疫和内分泌、代谢的内在平衡、互成"表里"的关系理论，食疗正是利用食物的味觉刺激与内脏功能之间的关系进行疗愈的一种手段和方式。

药食同源，森林疗养可以合理利用森林中的植物资源进行味觉刺激，达到康养疗愈的效果：根据不同植物特有的药用价值，按照健康饮食规律，配制养生食谱，这种方式适合城市亚健康人群，尤其是"三高"患者，以改善不良饮食习惯。例如在加拿大，美丽迷人的枫树除了观赏之外还是重要的经济来源之一：加拿大的糖枫树，树汁含糖量极高，熬制成的枫糖浆是加拿大最有名的特产之一，目前全世界 70% 的枫糖制品集中在魁北克。这种枫树的糖浆香甜如蜜、风味独特、富含矿物质，是很有特色的纯天然的营养佳品，具有抗氧化性能、能增强免疫力、有助于保持心脏健康、改善心血管机能；将枫糖浆淋在蔬菜上，还能让不爱吃蔬菜的孩子大快朵颐，深受欢迎。科学研究已经充分表明，味觉与健康养生关系密切。"味觉"是机体内部营养需求及平衡的"窗口"，可以通过食物味道的变化来控制食欲，还可以通过人的味觉变化来判断机体营养需求和平衡情况，维护机体健康，减少由于饮食不平衡导致的疾病，这样人类就可以通过平衡膳食来实现健康的目标。

素有"美食王国"美誉的中国，饮食文化可谓源远流长，饮食鼻祖伊尹曾对饮食及味觉进行过描述："凡味之本，水最为始。五味三材，九沸九变，火为之纪。时疾时徐，灭腥去臊除膻，必以其胜无失其理。调和之事，必以甘酸苦辛之微，阴阳之化，四时之数。"可见，中国从古代就开始了对味觉经验的追求，人们对味觉感官已经有了非常高标准的要求，人们既要求满足基本的温饱，同时又要求饮食的美妙滋味。

森林疗养的味觉刺激一般是通过森林疗养体验行为和饮食活动相结合来实现的。在特定的森林环境氛围中，饮食行为也应该与之符合，就地取材，通常能够鲜明地反映出当地的物质和社会风貌。对地域之美的发现与欣赏始终需要立于自然环境、人类生存、时代背景这样的空间当中。这个发现过程是一个复杂的过程，是对食物的自然属性与社会价值的双重认识的过程，是对人与人之间、人与社会之间各种关系的理解过程。味觉体验活动与森林环境空间感受直接的相互作用，给我们营造良好的森林康养场所环境提出了相应的设计要求。

（五）触觉

当我们的躯体被触碰的时候，我们的感受就是触觉。人类的触觉在生存进化之中是非常有意义的，我们需要互相支持、互相接触。触觉给我们带来舒适、安全、幸福、快乐的感受。我们皮肤外层有不同触觉性质的感受器细胞，当某种东西触碰我们时，我们的大脑皮层的专门区域就会表现得活跃起来，重复练习就会发展成良好的皮层感觉。

触觉是接触、滑动、压觉的总称，是来自外界的物理因素，如温度、湿度、疼痛、压力、振动等作用于皮肤上的神经细胞的末梢神经，引起相应的神经反射，给大脑送去一连串的、不同的反应。随着触摸形式、接触物体质感等发生变化，每一次触摸，大脑都会接收到不同的、一连串的反应。

触觉作为人类的第五感官，也是最复杂的感官。轻微的机械、物理刺激均可使皮肤表层的神经感受器兴奋；人类自身的触觉，如伸懒腰、桑拿浴等，可使神经与肌肉放松；此外，触觉在传递人与人之间感情时也有重要的作用。

触觉转化为心理意识、获得心理认同的过程可分为以下几个阶段：

初步感知阶段，感觉的识别阶段（感性、无意识），在这一阶段中，人们能通过触觉感官刺激，感觉到空间物体的软度、硬度、细腻度、粗糙度等肌理质感，以及冷、热、温、凉、干、湿等温度和湿度。

辨别、唤起记忆和意识作用识别阶段，大脑接收到触觉感官对环境的初步触觉感知，在大脑的联想与记忆中融合历史背景、文化底蕴与人格内涵，建立起对空间环境的初步评价和心理感觉。由于此时人对环境的评价与感知融合了与自身相关的历史文化等内容，便形成了在空间基础上融入人文思想的感受。

指导意识和行为阶段：在前两个阶段中形成融合了人文和空间的感受后，心理意识就形成了，并进一步指导人们的心理活动与行为。

人只有在与物体零距离接触时才能感受其实体性。李格尔在其知觉理论中强调："眼睛是人们获取外部信息时使用最多的感觉器官，但是视觉传递的只是色彩的刺激，展现的是纷繁世界混乱的形式。纷繁的大千世界是由一个个实体组成的，而实体的边界便是物体的表面，它具有不可入性，人们要感知这些客体的时候，就要依靠触觉来帮忙。"

皮肤是一种能最清楚地表达情感语言的器官。病理学家拉贝认为："皮肤是身体实在的和隐喻的边缘，是抵御一个怀有敌意的外界的边界。"迈阿密大学触觉研究所所长、儿童心理学家菲尔德通过研究发现：一个丧失了触觉的儿童，他的大脑和身体将停止生长；如果对早产婴儿每天按摩3次，每次15分钟，其体重将比未进行加强护理（尽可能不抚触的护理）的婴儿增加快47%；经抚触的早产儿并不是吃得更多，而是他们能更有效地消化食物；他还发现，经抚触的早产儿，在觉醒时对周围事物变得更加灵敏和注意，睡眠也更香、更沉，且更具有恢复力；婴儿经过8个月的持续抚触按摩后，在智力和机动性的测试中都取得较好成绩。可见，经常受到抚触是可以起到治疗保健作用的。菲尔德及研究人员还发现：办公室工作人员如每天接受15分钟按摩，便可散发出较高水平的大脑波。参试人员经按摩后，其数学测试只用了过去的一半时间，而错误也只有原来的一半。这些似乎仅是触觉和感觉上的发现，但是有越来越多的心理学和生理学实验事实对触觉作用的客观性给予了有力的验证。瑞典生理学家尤纳思莫伯格的一些实验表明：轻柔的敲打可刺激机体分泌催产素，有时也称为爱的激素。因为它能增强多种动物的母亲和其孩子间的亲情。尤纳思莫伯格称："抚触和爱情之间有着很深的生理联系。"一个人在不安和紧张时，催产素可以减轻疼痛和阻止激素分泌。

对一些动物的幼婴而言，抚触就意味着母亲、食物、温暖和安全的源泉就在身旁。当母亲离开不在身边时，很多幼小动物在生理上出现紧张状态，同时停止或者减缓新陈代谢，这是一种天生的保存能量的反应，直到母亲回来后才一切恢复正常。杜克大学药理学家尚伯格称，小鼠尽管被喂饱和保暖，如果没有母亲，它们就不生长。如果用一把刷子轻击它们以模仿其母亲对它们的抚舔，那它们马上就能重新茁壮成长。尚伯格说："需要一种正确的抚触以促使它们成长，这比饲以维生素更为有效。"

触觉疗法又称为知觉疗法。人不断地与外界环境进行直接的接触，与自然环境产生共鸣。当人手接触植物时，枝、叶片表面温度升高，加速蒸腾作用，则能促进各种有机物挥发，经过触摸这些植物，皮肤毛孔直接吸收这些有机物，即可起到强化人体触觉神经、健身治病的作用。例如，触摸萱草、洋苏叶和青蒜能消炎退肿；抚摸桃叶珊瑚能治肾炎。触觉疗法更注重人们亲身参与到活动中，注重体验，让他们在疗养中获得效果。所以，合理有效地设计触觉刺激类型的康养活动，对于提升康养服务体验是十分有效的。

综上所述，综合利用五感体验来设计森林康养活动，能够丰富和提升森林康养服务和效果。

第三章 森林康养服务设计流程

服务设计不同于传统设计的关键点在于：服务设计更关注流程与流程之间的流畅性与整体性，并将用户需求与用户体验作为设计出发点贯穿整个设计流程，是从整体到细节再到整体的过程。如图3-1所示，为服务设计具体流程。

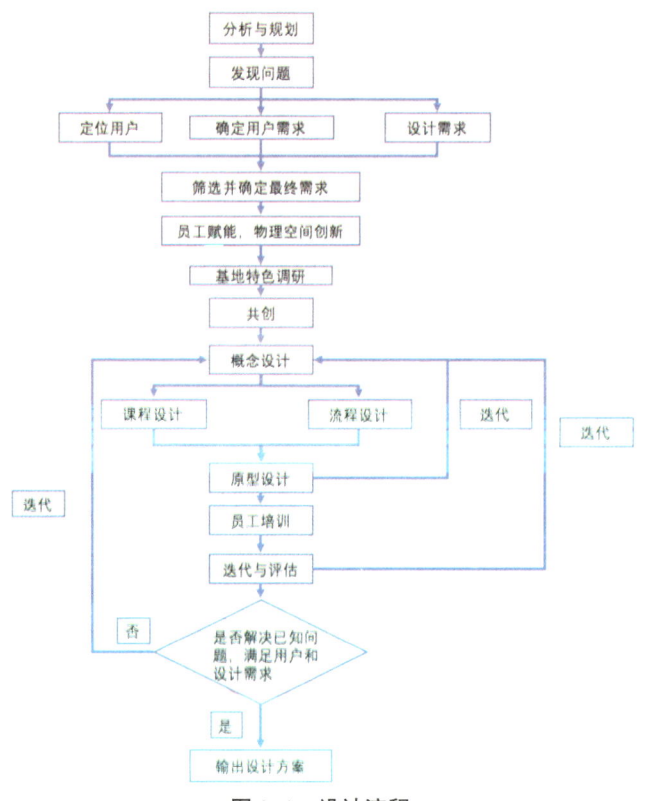

图 3-1 设计流程

分析与规划是从服务设计的角度分析现有的森林康养服务，使用服务设计工具将流程可视化，利用整体性思维发现森林康养各个环节中存在的问题，并定义可优化的机会点，洞察用户需求，重塑用户体验；创新与设计是一个品牌实现脱颖而出的关键，不仅仅要做到对立（竞争）品牌已做到的事情，还要做出自己品牌的特色，在改进弱点的同时提出创新性的服务设计吸引用户；中后台组织设计是服务设计的重要环节，服务设计不仅是对与用户进行直接接触的服务进行设计，而且还要站在整个服务链的上空协同用户、员工、合作伙伴等人员共同进行服务营造和行业升级；迭代与评估是对设计出的已成型的森林康养服务流程进行发现问题的过程，是降低风险、减少损失的明智选择。

第一节　分析与规划

分析与规划在森林康养服务设计前期具有重要的指导意义，可以帮助设计者在宏观上对项目进行整体掌控，使设计管理者在规定的时间内，每一步都朝着同一个目标前进，这就要求设计者需要明确研究的问题和目的，理清服务目标情境中各种事物的关系，形成有利于创新的洞见（看到问题的关键所在）。整个分析规划流程为：设计计划书、人员组织规划和前期准备、定位用户与需求（图3-2）。

图 3-2　分析规划流程

一、设计计划书

任何项目在形成前都会有详细的计划书，森林康养服务项目也一样。设计计划书能够在宏观上把握设计项目的大方向和时间走向，保证项目的每一步骤在合理的时间段内完成。设计计划书通常是由设计管理者来撰写，其内容应包含设计人员分配、设计项目细分、设计时间规划、详细的设计步骤、设计产出等。

与其他服务设计不同的是，森林康养服务设计是具有"因地制宜性"的，因此，在起草森林康养服务项目的设计计划书之前，首先应该对实施设计项目的森林康养基地进行初步的调研，即场地踏查。森林康养活动是依托于"森林"环境进行的，所有的森林康养课程和体验活动都需基于某个森林康养基地开展。因此，在撰写设计计划书之前需要了解该项目的森林康养基地的实际情况和特点，根据相关特色进行设计和规划。同时，因为森林康养服务设计不是简单的流程设计，而是一个涉及许多不同的细分活动的复杂项目，因此，需要将设计项目按照人员特点进行责任分配。需要补充说明的是，场地踏查对于森林疗养师来说是非常熟悉的，任何一个经过正规培训的森林疗养师都非常清楚场地踏查对于确保森林康养活动安全的顺利开展是何等重要，所以，设计师特别是服务设计师也要特别加以重视，并且明确这是一个必需的环节，绝对不能缺少的基础工作。

二、人员组织规划和前期准备

森林康养服务设计项目开展伊始，首先要了解该项目的背景和预期目标，并制定相应的设计任务书，良好的人员组织是一个森林康养基地成功运营的重要因素。

Co-Creation，本意为"共同创造"，是一种开放的设计思维，鼓励个体亲自参与创作过程，同时模糊顾客和设计师之间的角色，相互协作，彼此分享，共同解决某一问题。在服务设计过程中，如果能最大化地考虑服务接受者的利益和需求，最终呈现的结果必将更符合顾客的期待。因此，在具体设计过程中，应充分发挥协同设计的优势，将用户纳入其中，一方面尽可能满足个体的基本服务需求，另一方面从更高层面影响群体的共同价值。

森林康养服务是一个复杂的活动，涉及林学、心理学、国学等许多方面的内容，因此，在森林康养服务设计的团队中，建议有以下几类人员共同组成：产品设计师、视觉设计师、交互设计师、森林康养师、林学专业人员、心理学专家、运营管理专业人员。前三类人员作为专业设计人员能够敏捷地抓住服务设计流程中用户的痛点，利用美观、高效、有趣的视觉设计与互动设计创建有特色和影响力的品牌文化，提高用户体验；森林康养师、林学专业人员、心理学专家等林学和心理学领域的专业人员可以补充设计类和运营类人员在森林康养领域欠缺的专业知识，能够在森林康养的具体活动措施、用户心理反馈与细节表现中察觉用户的需求，并能够对森林康养课程提出专业的意见；优秀的运营管理人员可以高效地统筹整个组织中的人、物、事、环境的配合问题，使整个流程实现最佳的运营状态。森林康养服务设计要鼓励多学科背景的人员进行交流和共同交叉创新。

在前期准备时，参与者需要对市场中同类型的竞品进行优劣势分析；产品经理和设计管理者通常会使用 SWOT 法来完成自身与竞品的优劣形势分析工作，这种方法也适用于森林康养服务设计领域。森林康养基地建设在国内尚处于起步阶段，因此市场中的同类森林康养基地都在摸索市场中大部分用户的"口味"和偏好；在调查中对比那些受欢迎的森林康养基地，分析其受欢迎的具体原因，有利于更快地把握市场风向，占据市场优势。森林康养在国外的发展较为成熟，但是因政策、价值观、消费水平等方面的差异，国外的成功案例并不都能适用于国内实际情况，因此不能全盘照搬照抄，需要设计者进行筛选，寻找一部分情况相似、适用性较高的优秀案例进行实践验证后再采纳实施。

三、定位用户与需求

用户分析是整个森林康养服务设计的关键，研究范围包括了与森林康养中心有关系的任何人员与组织，包括合作伙伴、服务接受者等。用户分析的主要工作内容就是定位用户（也有称为定义用户的），进行生理研究、心理研究、行为研究和需求分析。

定位用户是对森林康养服务设计的服务对象进行尽可能全面的调研分析，内容包含用户年龄、背景、收入、性别、知识水平、性格、生活习惯、以往进行康养活动的频次等。

生理研究主要包括了解人的基本尺度、生理层面的需求特征等。为了说明在森林康养服务设计中，定位用户的重要作用，我们以一套由经过培训的森林疗养师制定的从国学角度出发的典型森林疗养课程为例，如表 3-1 所示。这套康养课程的活动时间段是从立春至立夏，目标是利用森林本身的疗愈因子，如植物杀菌素、负离子、芬多精、光、温度、湿度等自然因素改善人体健康状况。在没有进行用户定位时，这套课程似乎是广泛适用的。但是，从课程设置包含的五禽戏、分享故事、体验自然等部分来看，似乎是适合退休老人的，因此，在定位用户和生理分析上的研究应该包括退休老人的职业、知识水平、参与次数、人机尺度关系分析、身体状况、四肢灵活度。因为，老人的职业和知识背景决定了老人对信息易读易懂程度，过于繁复的规则有可能会影响老人的体验和感受。而这个案例中的课程包含较多的规则与要求，这些规则与要求将以怎样的形式展示出来，能让老人快速明白并记住，这就成为该森林康养服务设计项目中的一个设计机会点，也是能够提高用户体验的关键点之一。人机尺度关系分析、身体状况分析、四肢灵活度的分析是出于对老人参与该项活动安全性的考虑（表3-2）。

表3-1 森林疗养课程案例

序号	名称	内容	时间	工具
1	虎虎生威	利用传统功法五禽戏之虎戏、坤道抻筋热身、破冰、疏肝理气、舒筋活络、柔肝	60分	抻筋器、虎啸视频、抻筋视频
2	我的生命之光	立志，放松减压，分享各自的故事	90分	松树名牌、A4纸、彩笔、签字笔
3	春之味	习五行，品五味，借一缕来自太阳的能量晒背，木行冥想	90分	户外茶具、五行卡、野餐布、软布、美食
4	赏而勿罚	学习鼓励，生发肝气，养肝护肝	30分	明信片、白乳胶、自然素材、签字笔、A4纸
5	坤道抻筋	前后对比抻筋、柔筋的效果	20分	抻筋器
6	我思故我在	分享心得感悟，体悟身心的变化	30分	

表3-2 森林疗养课程案例的说明

序号	事件	规则与要求
1	活动前的准备	对象前测及沟通：收集体验者背景资料，询问个人健康问题。 体验者装备：防滑运动鞋、运动衣（长袖长裤）、防晒霜、防蚊虫喷雾、饮用水（注意保持水分摄入）、常用药品，衣着宽松，尽量穿绿色、青色系衣服。 森林康养师应急准备：急救包。 做好各项风险应急措施
2	实施过程中的要求	自我介绍，破冰。 向参加者说明当日行程和活动安排，减少焦虑和不安。在各活动开始前，请及时使用卫生间。 全程不要随地吐痰，乱扔废弃物，不要损坏森林植被，采集凋落、掉落的自然物，爱护大自然，尽可能遵守"无痕山林"的原则。 活动场所较多，场地较大，不宜随处乱跑，容易迷失。注意水系的地区。请跟随组织者的引导，通过吹响口哨，集合组织队伍，方便森林疗养师管理团队。 注意安全标示，清晰辨别出入口和地图引导，聆听园内广播安全提示。 园内水系水深危险，请勿戏水。禁止攀爬假山及园区内危险、陡峭的山体。 森林疗养师和工作人员定时清点人数，确保所有成员均在
3	注意事项	户外环境变幻莫测，请做好防雨、防晒、防寒工作。 请保管好自身携带物品，对个人安全负责。意外风险性无法预测，计划行程有不确定因素，如发生意外，责任自负，组织者不承担赔偿责任

心理分析在森林康养服务设计中主要是从情感方面挖掘用户的内心需求，包括理解、动机、需求、经历、经验、习惯等，目的是通过情感的研究挖掘出符合用户需求、能够提高用户体验的设计机会点，不仅是抚平用户内心的不舒服，更重要的是让用户感到服务的体贴与关心。随着体验经济时代的到来，"情感化"的设计不仅仅是设计领域最主要的设计趋势之一，也是商业模式中的主要潮流。情感化设计的主要核心是引发用户认知的愉悦，从而为用户带来积极的情绪体验。以海底捞为例，海底捞之所以成功不在于食物多么的美味，而在于贴心的服务细致入微。即使客满排号等待，海底捞也会为等待就餐的顾客提供水果零食，这一行为会大大降低用户因需要等待而产生的烦躁感，同时，在等待过程中海底捞还会为顾客提供美甲、手部护理、擦皮鞋等免费服务，这些看似无偿的服务更是直接拉高了用户体验满意度，海底捞在这一环节的服务设计不仅仅做到了抹平顾客等待焦虑的心情，还提升了用户心情愉悦值，使许多用户成为回头客，直接提升了品牌的知名度和用户忠诚度，从而形成稳定的客源与利益来源。

用户行为分析，顾名思义就是分析用户的行为，用户行为反映了用户的需求。从用户的行为中分析现有服务流程中出现的问题，这一过程可以通过情景模拟再现的方法进行，设计者可以从第三视角进行观察，也可以从第一视角进行参与体验用户的经历，沉浸式地了解用户需求与行为。另外，可以利用用户旅程图来分析用户行为，发现现有流程之中，用户都有哪些消极的行为和心理，用户在服务设计中的消极反应就是设计者应该关注的接触点。用户行为分析可以帮助设计师快速发现用户需求，确定用户对现有流程的不满意之处，为后面的设计找准着力点。

需求分析是森林康养服务设计的前提与基础。需求分析的资料可分为两类：表层需求资料与深层需求资料。表层需求资料可以通过现有研究资料、设计资料、品牌资料、市场资料和社会文化资料等途径收集需求信息；深层需求资料是在表层需求资料的基础上通过技术手段对数据进行分析与提炼，进而挖掘出深层信息。需求分析的具体操作方法有文献检索法、问卷调查、人物访谈、实地操作、录像、同理心测试等方法。在信息收集之后，需要将相关资料进行系统化的整理以便后期查找和翻阅。对这方面资料的分析大部分是设计者根据长期的实践经验总结出来的用户需求，是涵盖某一群体用户的共同需求；而面对具体的森林康养服务设计实践项目时，因为森林康养具有"定制性"，所以除以上需求分类外，从更为具体的角度来说，用户需求还可以再细分为用户隐性需求和用户显性需求。用户显性需求指的是用户清晰、明确地知道自己需要什么，例如在超市购物时，在试吃的时候会需要纸巾擦手。相反地，用户的隐性需求指的是用户并未意识到的，但用户自己真的需要的一些需求，例如某些超市会提供免费的冰袋，以保证购买冰激凌及部分保鲜食品的用户回到家时食物不会变质。满足用户的显性需求可以使用户感到舒适，而满足用户的隐性需求则可以使用户感到惊喜。

另外需要注意的是不同的用户有着不同的需求，不同的用户看重不同的方面，设计者不可能满足所有用户的所有需求，这就要求设计者具有对用户需求的筛选能力，确定哪种需求与具体的设计项目相关性比较大。

四、调研分析的方法与工具

森林康养服务设计在此阶段使用到的方法主要是用户人种志方法，基于人种志的用户研究可以使设计者对用户有深入细致的了解。了解用户的生活方式、生活习惯、生活态度以及在服务中用户的体验过程及其采取的模式，对服务设计的展开有着很大的帮助。用户人种志研究主要包括调查、用户画像（Personas）、移情（Empathy）和质量功能展开(Quality Function Deployment,QFD) 等方法。这些方法都着重强调让设计者置身于用户所生活的环境之中，在真实自然的条件下观察和体验用户使用服务的过程及其真实感受，并从中发现问题。随后将这些真实的顾客信息作为约束条件或目标，放到服务设计的过程之中，并同其他方法一起，帮助设计者把握客户的真实信息。

（一）调研方法

对用户及用户需求的信息收集能够用到的方法有很多，在此介绍三种方法：问卷法、访谈法、观察法。

1. 问卷法

问卷法是最常见的定量研究方法，问卷法的流程一般为：确定调研目标、问卷设计与测试、问卷投放、调研结果回收与分析。在设计问卷的过程中应该注意，为避免影响问卷结果的质量，问卷设计应该保证每一个问题都能切中要害、问到点上，控制问题的数量和选项范围，回答问题的时长最好不要超过15分钟。调查问卷的伊始问题需要做一个真实性问答，以确定调查对象的用户类型。调查问卷的问题类型一般分为两种：封闭类和开放类。封闭类问题指的是有多个可供选择的答案，答案固定在选项之中，这类问题一般是易于作答的，作答速度也比较快，但是不同的用户对问题的理解不同，调研结果有可能出现偏差。开放类问题指的是答案内容没有固定的范围，答题者可以充分表达自己的想法的问题，这类问题对用户的调研较为深入，但耗时长，无用信息较多，后期梳理甄别效率不高，而且大部分用户对于开放性问题的体验并不如封闭类问题。设计者应根据调研目标，合理分配两类问题的数量，取长补短。随着科技的进步，相较于纸质问卷，更多人愿意使用网络调查问卷，网络调查问卷的优势在于不受地域和时间的限制，可以快速整理出调研结果，但其缺点是无法保证数据的真实性和高质量。

2. 访谈法

访谈法是以口头采访的形式，收集用户客观的事实材料的一种调研方法，根据访谈对象的数量可分为小组访谈和一对一访谈，访谈途径可分为电话和实地两种，根据访谈的深入程度可分为一般性访谈和深度访谈。森林康养服务设计经常使用的访谈方式是小组访谈、一对一访谈和深度访谈。一对一访谈是访谈者和被访谈者一对一、面对面进行，在开始时访谈者应注意礼貌用语，放松氛围，使被访谈者卸下防备，提问的方式尽量以朋友的口吻进行，问题的形式一般是开放性问题和封闭性问题并存。小组访谈一般需要一位设计者充当主持人的角色，主持人需要善于协作和沟通，在访谈过程中避免冷场，控制访谈时间，组织多位被访谈者对一个话题进行发言，所有人都可以尽可能充分地发表自己的想法。相较于个人一对一访谈的方式，小组访谈法可以在相同的时间内获得较多的数据，适用于时间短、预算有限的项目。这个方法更多地用在设计方案测试和迭代开发的中后期，被访谈人员应具有多样性，被访谈者谈论的角度不同，更容易启发意想不到的想法。

3. 观察法

观察法是指设计者根据一定的研究目标和研究内容，用自己的感官系统观察用户的一种方法，在观察过程中可以借助一些录音机、摄像机等音频录像设备来辅助观察。森林康养服务设计常用的观察法有影子观察法和设计观察法。开展森林康养活动时，一般会有两名康养师配合带队，其中的一人主导活动的时候，另外一个康养师就可以完成观察和记录工作。影子观察法是自然观察法的一种，设计者就像被观察者的影子一样，无影随行但又不会让被观察者察觉。不同于访谈法的是，影子观察法能够得到最真实、最直观的数据。设计观察法是让被观察者处于设计者搭建的人工环境中，这种方法可以最大程度上降低观察者对被观察者的影响，方便设计者对人工环境中的元素与道具进行改变和替换，相较于影子观察法灵活性更大。总体来说，观察法能够得到比访谈法和问卷法更真实的数据，但成本较高，很难大范围地展开，在小范围样本研究中占有更大的优势。

（二）调研工具

1.用户画像工具

在收集到足够数量的信息之后，设计者需要对信息进行提炼，服务设计主要特点就是善于利用可视化工具来描述复杂的过程与关系，对于用户研究结果经常会用到用户角色画像的方式来呈现。

用户角色画像可以是真实的用户，也可以是虚构的一个可以代表某个群体的典型用户。画像中的信息应包括照片、姓名、性别、年龄、职业、性格等，也需要生活方式、喜好、态度等人物心理特征信息。一个设计模型中通常涉及3~6个不同的用户角色画像。用户角色画像可以帮助设计者从收集到的大量用户资料中脱离出来，将注意力放到典型用户的需求中，避免因理解误差造成成本和资源浪费，帮助团队快速确定典型用户和用户需求。在对森林康养服务的用户进行画像时，要注意信息保密，现行的参与康养的用户给自己取自然名的方式是值得推荐和推广的（图3-3）。

图3-3 用户画像示例

2.移情工具

移情工具可以使设计者拥有不同类型消费者需求的状态来体验服务。这是一种定量分析的方法。利用移情工具可以更好地观察用户的真实想法。移情，又叫同理心，是一种识别和理解他人处境和感受的能力。具有同理心是设计师的一项核心技能，因为它能让设计师与用户互相认同，彼此接受对方的观点。服务设计关心的重点是顾客在想什么，而不只是他们在说什么。使用移情工具可以帮助我们解决这一问题，同时还可以减少设计者自身在服务设计中参入过多的主观因素。在设计初期用户定位与需求分析、服务原型用户体验流程和迭代阶段，移情工具都能发挥很大的作用，可以帮助团队成员之间建立共同点、理解用户需求和确定需求的优先级。在以用户为中心的设计中，设计过程的最初阶段就使用移情地图是最好的。

移情地图是常用到的移情工具，它阐明了我们对特定类型用户的理解和态度。移情地图由 XPLANE 所创造，是"Game storming"以人为中心的设计工具包的一部分。移情地图已经被用作斯坦福大学设计学院的课程之一，同时被《哈佛商业评论》（Harvard Business Review）收录，IDEO 创始人戴维·凯利（David Kelley）和他的商业伙伴汤姆·凯利（Tom Kelley）将其列为"IDEO 领导者面临的三大创意挑战"最有效的工具之一。移情地图可以帮助设计团队更广泛地理解用户需求和需求背后的"原因"。这个工具迫使研发团队将关注点从他们想要构建的产品转移到使用这个产品的用户身上。当一个团队确定了他们对用户的了解并将这些信息放在图表上时，他们就会获得对用户的世界及其问题的更全面的看法（图 3-4）。

图 3-4 移情工具设计书

传统的移情地图分为 4 个象限（Says 所言，Thinks 所想，Does 所做，Feels 所感），用户或角色位于中间。移情地图可以一目了然地了解用户是一个整体，而不是按时间顺序排列。移情地图的形状和大小各不相同。一个传统的移情地图包括四个象限：

Says——"所言"是用户对产品的评价。理想情况下，这个象限的内容应包含在访谈或可用性测试过程中记录的用户的真实想法。

Thinks——"所想"是设计师的分析，思考用户在与产品交互的时候在想什么，是什么占据了用户的思想？什么对用户是重要的？

Feels——"所感"这部分是关于用户情绪状态的信息。包含用户担心的是什么？用户最兴奋的是什么？用户对体验有什么样的感觉？

Does——"所做"是分析用户采取什么行动？你注意到什么行为？

传统的移情地图在洞察用户阶段发挥了很大的作用，并产生了不同的版本。为了能让移情地图更加有用、更好地研究用户体验和结果，大卫·格雷（David Gray）更新了移情地图，大卫·格雷（David Gray）与商业模式画布的作者亚历山大·奥斯特瓦德(Alex Osterwalder)合作设计了 Culture Map。现在广为流行的移情地图应该是从这次合作中获取了一些灵感。

在绘制移情地图之前，地图绘制者应该明白，移情地图是一种用快速易懂的方式来说明用户的态度和行为的工具，一旦创建，它应该作为整个项目的真实来源，并保护地图创建者不受偏见或毫无根据的假设的影响。绘制移情地图的步骤可以分为7步：

（1）确定范围和目标。

确定绘制的角色或用户：移情地图一般以一对一的形式开始绘制，每个移情地图，对应一个用户或角色。如果有多个角色，则设计者针对每个角色都绘制一张移情地图。一般来说，绘制移情地图有两个主要目的：一是为了让团队与用户保持一致，那就要确保在绘制移情地图的活动中每个人都在场；二是分析采访记录，这就要求设计者需要设置一个明确的范围和时间期限，以确保有足够的时间绘制多个用户访谈。

（2）收集材料。

绘制者的目的决定了用来创建移情地图的媒介。如果是团队合作，通常要准备好大白板、便利贴和记号笔等工具。如果是个人绘制移情地图，选择一个适合的系统来创建，容易与团队其他成员分享，效果也好。

（3）收集研究。

收集将用于推动移情地图的研究。移情地图是一种定性方法，因此你需要定性输入：用户访谈（user interviews），田野调查（field studies），日记研究（diary studies），听力会议（listening sessions）以及定性调查（qualitative surveys）。

（4）为每个象限单独生成便签。

当设计者有了研究输入，就可以和团队一起进行绘制。在开始的时候，每个人都应该单独阅读研究报告。当每个团队成员消化数据时，他们可以填写与四个象限对应的便利贴。接下来，团队成员可以将他们的注释添加到白板上的地图中。

（5）聚合和合成。

在这一步中，团队协作，全面审视白板上的便利贴，并将属于同一象限的类似注释聚集在一起。用表示每个组的主题命名群集，例如，将某一群集的主题名命名为"来自他人验证"或"研究"。"群集"有助于讨论和调整，目的是让所有团队成员对用户达成共识。必要时在每个象限可以有重复的主题。

当移情地图绘制完成后，设计团队可以一起讨论每位组员的发现并统一意见。有哪些异常值，或任何群集中不适合的数据点，在所有象限中重复的主题是哪些，一个象限中存在哪些主题，各个成员之间的理解存在哪些差距等。

（6）修改和计划。

如果设计者认为需要更多细节或者独特需求，可以调整地图，包括额外的象限或者增加现有象限的特异性。根据移情地图的目的，对输出进行相应的修改和数字化。确保包括用户、任何未解决的问题、日期和版本号。当收集到更多的研究或指导用户体验决策时，应该回头更新移情地图（图3-5）。

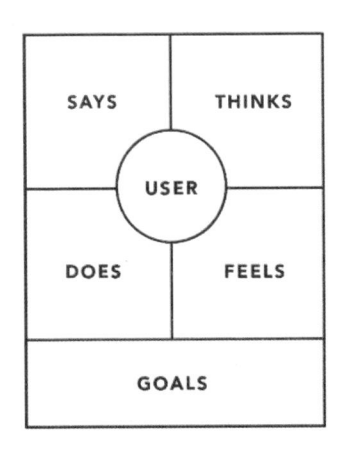

图3-5 调整后的移情地图

移情地图可以帮助我们与最终用户建立同理心。基于真实数据并与其他"作图方法（mapping methods）"结合使用时，它们可以避免设计团队在设计中的理解存在较大偏差，使团队对设计方向保持一致，发现研究中的弱点，挖掘用户的隐性需求，了解驱动用户行为的隐蔽因素。在绘制移情地图和总结的过程中，设计者可以通过如研究笔记、调查答案、用户访谈记录等方法，快速捕获用户或角色（Persona）的身份，并将用户信息提炼并分类到一个地方，这有利于对定性研究进行分类和理解，并且可以通过对应和分组覆盖单个用户的移情地图来创建典型角色（Persona）。当用户直接填写完成移情地图后，它们可以充当辅助数据源，并代表了用户会话摘要的起点。

移情地图虽然是一项非常有用的视觉化描述用户的工具，但是考虑到移情地图本身对于特定时间点的局限，就要求设计者需要经常回到地图中，不断添加见解和假设，特别是在观察或与用户交谈之后。

（7）体验调查（Experience Survey）。

体验调查又叫作差距分析，用于诊断客户需求和实际服务体验之间的差异，以发现服务提高和改进的空间。同时，要进行两项调查：一方面是考察客户对服务质量的期望，另一方面是考察客户对服务的实际体验。通过分析调查结果，可以发现问题和不足，为今后的设计提供方向。同时其结果也可以作为设计人员内部讨论和交流意见的依据，也是对设计绩效的一种评价。

体验调查通常也是以可视化的形式展示的，即体验地图或者叫用户旅程图，这是体验调查中常用到的工具，它是一个"一般"人为了完成一个目标而经历的体验过程的可视化形式。

3.质量功能展开

质量功能展开（Quality Function Deployment，QFD）是一种将顾客需求转化为设计要求和参数的有效方法，在产品开发过程中已经得到了广泛的应用。它通过质量屋（House of Quality）矩阵，将顾客的需求，包括主要需求、详细内容和重要性评分等，通过关系矩阵和相应的评估流程，转化为详细的设计要求和参数指标，保证了最终的产品符合客户的需要。在森林康养服务设计中，同样可以利用质量功能展开(Quality Function Deployment，QFD)的方法将客户的需求更好地反映到服务设计的内容上，确保服务设计的对象和模式能让最终客户感到满意。

第二节 创新与设计

创新与设计是产出概念的重要步骤。服务设计的整体性强调的不仅仅是以用户需求为主的事物与事物的相互联系，还有企业品牌文化的传达。在这一阶段，设计者需要对分析与规划阶段挖掘出来的问题设计解决方案，同时也需要对用户的需求、动机、期望、行为等进行分析，在此过程中还需要考虑品牌商业展开时会遇到哪些制约条件。创新与设计阶段分为关系的洞察与设计原则的确立和服务原型的设计等步骤，然后通过设计评价对这两个步骤的成果进行检验（图3-6）。

图3-6 创新与设计阶段的工作步骤图

一、洞察关系与设计原则确立

服务创新能力的核心是洞察力、判断力和决策力。设计者需要分析调研环节的结果，发掘设计中需要重点解决的问题，明确服务体系构建的"施力点"或"切入点"。主要步骤可分为深层挖掘、机遇识别和设计原则三步。

森林康养服务设计中与用户之间的关系寻找的重点不仅仅是表层关系的挖掘，更重要的是问题背后更深层次的原因。以用户需求为例，在完成需求调查之后，设计者需要确定用户的需求，但用户需求有很多，因用户个体的差异，每位用户的需求各不相同，在设计森林康养服务活动时不太可能一下子满足用户所有的需求，需要明确需求的重要程度和优先级。若将用户体验的好感度用线表示的话，它不应该是一条紧绷的直线，而是有起伏变化、张弛有度的曲线。每一个转折都环环相扣，将用户拉进森林康养整个情境中来，这就要求设计者对用户需求进行筛选，设计者需要找到不同用户在不同时间、不同环境下对于森林康养服务的需求与关系是什么，通过图表将用户、时间、空间、任务的关系进行有效地视觉化表达，以便后期总结，寻找设计突破点。在关系寻找过程中，现有产品或服务与用户体验的落差就是开展服务设计的"机遇"，是服务设计的突破口。

里卡德·蔡斯（Richard Chase）在进行了大量有关认知心理学、社会行为学的研究和服务设计实践后给出了服务设计的首要原则，主要包括：

（1）让顾客控制服务过程。

研究表明，当顾客能自己控制服务过程的时候，他们的抱怨会大大减少。即使是自助式的服务，当顾客出现服务使用过程操作不当时，也不会对自助系统产生过多抱怨。

（2）分割愉快，整合不满。

研究表明，如果一段经历被分割为几段，那么在人们印象中整个过程就要比实际时间显得更长。因此我们可以利用这一结论，将使顾客感到愉快的过程分割成不同的部分，而将顾客不满（例如等待）的部分组成一个单一的过程。这样有利于提供更高的服务质量。

（3）强有力的结束。

这是行为学中一个普遍的结论。在服务过程中，相对于服务开始，往往是服务结束时的表现对顾客满意度的影响更大。因此在服务设计中，服务结束的内容和方式应当成为一个重点考虑的问题。

森林康养服务设计针对的不仅仅是一个森林康养基地的导视牌、一个森林康养活动的宣传海报，它要求设计者在设计阶段始终保持整体性观念，必须审视完整的服务系统，而不能孤立地看单个问题。同时还需要全方位的视野，以跨文化、跨学科、跨地域的协作作为创新的基础，进行系统性的设计，将人、物和程序等多个相关要素共同联系起来。这样做的原因有两方面：一方面是因为，不同用户通过接触森林康养活动会流露出不同的感知，在进行设计时设计者需要照顾用户在不同阶段、不同地点的情绪，通过对用户情绪的分析，为用户提供帮助；另一方面是因为用户在森林康养基地体验的服务系统和环境是由多种因素构成，需要从用户的角度出发，去详细地描述用户在体验服务过程中的交互行为、可能进行的任务、时间流程等情况。设计者需要对这两方面进行完整的考虑，从大框架出发，将设计要素结构化、清晰化地呈现出来，这对洞察用户的服务需求具有非常重要的意义。

设计者需要秉持的设计底线也是品牌需要展现的品牌文化与品牌价值，将体验设计做得很好的品牌和公司，例如：星巴克、海底捞、宜家等，都是将用户需求与企业利益、品牌文化相结合，考虑企业或品牌自身的发展策略与资源限制进行有针对性的设计。提供森林康养服务的基地等机构也应如此。

二、服务原型设计

服务原型设计是基于需求分析之后进行的概念设计阶段，通过服务设计工具帮助设计者对森林康养的功能性、经济性、适用性进行的分析表达。服务原型设计主要分为概念设计、综合表达、原型设计。

在正式开始进行森林康养服务设计之前已经确定了用户特征与用户需求，明确了设计问题，在这些基础之上，设计者首先要确定森林康养服务设计的对象。服务设计的设计对象包括产品、过程、人员、客户共同参与制造以及相应的支撑技术等因素，不同的设计学科对设计对象有着不同的看待和处理方式。布坎南（Buchanan）定义了一个设计分析框架，用于定义由不同的设计对象区分开来的设计过程和次序。他认为设计对象应包括标记、产品、行为和思想，并在"人与人、人与机器、机器与机器"等交互式过程中得以体现。布坎南（Buchanan）同时将不同的设计学科，如图像设计、工业设计、交互式设计和环境设计等纳入相应的设计过程次序之中；另外有学者提出了在这一过程中，多学科设计发挥重要作用的问题。这为我们确定服务设计的对象提供了较好的参考和依据。"标记、产品、行为和思想"这四种设计对象在交互式的设计过程中是通过实物、技术和人际交流作为媒介来互相支撑的。实物是与用户发生接触的实际产品，例如大夫的处方、信用卡、课程表等。在服务设计中，这些直接连接无形因素和客户的实物通常会被称为接触点（Touch points）。接触点设计往往对服务质量有着很大的影响，对于接触点设计，已在本书第二章进行了详细的说明，这里不再重复介绍。技术是很多服务后端的支持平台，例如在银行服务中web技术将人们同自己银行账户里的资金连接起来；在机场服务中航班信息系统将人们同自己的目的地连接起来等。人际交流可以是公司员工接听客户电话的方式，或者酒店的服务员处理客户订单态度，或者森林康养师带领康养体验者完成康养活动的状态。由于很多服务是必须依靠服务提供者同消费者的直接接触才能完成，因此人际交流的方式是服务设计中需要考虑的重要问题。

当具体到森林康养服务设计中时，可以类比交互设计的要素进行参考。交互设计是复杂的设计行为，需要考虑5个要素：人（people）、目标（purpose）、动作（action）、媒介与工具（means）和场景（contexts）。森林康养服务设计是系统性的设计，对应的要素则包括：利益相关者（stake holders）、接触点（touch points）、服务（offering）、流程（process）。其中，森林康养基地所提供的服务应该包括四个组成要素，分别是显性服务要素、隐性服务要素、物品要素和环境要素。显性服务要素是森林康养服务的主要内容，如康养课程、固有特征，基地特色风景、特色康养；隐性服务要素是服务的从属、补充特征，如区别于其他康养基地的特色服务，住宿的特色房间或森林特色康养项目等，是服务的非定量因素；物品要素是服务对象所需要的物品和能够为服务对象提供的物品，如康养基地商店提供的特色文创产品；环境要素是提供服务的支持性设施和设备，存在于服务提供地点的物质形态的资源，如特色的森林资源、河流风景区、动物等。在进行森林康养服务概念设计时可以有针对性地对以上这几点进行设计。

（一）概念设计和常用方法

概念设计是将需求与分析的结果概念化和视觉化。森林康养服务设计在设计过程中尽可能让不同类型的相关者参与进来，服务提供组织、合作者甚至客户一起对当前的挑战做出反应，并设计出理想的服务原型。这就要求设计者要明确森林康养基地中的利益相关者，对此设计者可以采用利益相关者的地图工具来理清其中的各方关系。

概念设计完成的不仅仅是一个设计，还需要是创新的设计。设计者可以利用"共创"进行发散创新，在"共创"过程中，参与者需要发挥各自不同的优势进行不同的分工，以此达到交叉创新与高效配合的目标，主要工具有疯狂发想法、头脑风暴图、DVF筛选法、635头脑风暴法、世界咖啡等，下面对前三种常用方法做简单介绍：

疯狂发想法需要先提出一个包括核心洞察和基础的服务假设的挑战，然后给这个挑战设定一个具有普适性的假设，这个假设不是拍脑门就能直接想到的，需要引领参与共创的人员从不同视角、不同专业去考虑各种突发情况。前期工作做好之后需要进行多轮次的尝试，确保每个人的思路都被充分打开，尽可能地静默思考，避免思路被他人影响。在每个人都思考之后，需要向所有人分享自己的创新概念，并将所有的新概念按照时间产出的顺序进行排列，时间长短可以根据实际情况进行调整，在不考虑商业和技术可行性的情况下，从中筛选出最具创新性的想法，没有限制的创意发散往往能诞生最疯狂的想法。

头脑风暴图是利用便利贴将自己的想法全部写出并一一张贴出来，然后根据每一个不同的想法进行思考，从而得到一个全新的解决方案：使用"替代法"将现有解决方案中的组成元素进行拆分，思考可以被替代的人和其他部分；使用"组合法"思考其他资源是否可以和现有的解决方案进行组合；使用"改进法"将现有方案进行升级；使用"转换法"放弃目前的一些目标，换转另外一种思路。相应的方法还有借鉴法、拓展法、消除法、逆向法、重组法，这几种方法不需要每一个都尝试一遍，任意一个都可以单独进行辅助思考。

共创中诞生的想法不可能全部被选择，从众多想法中挑选最为适合的想法可以使用 DVF 筛选法。DVF 分别指 desirable 顾客合意的、viable 商业上可行的、feasible 技术上切实可行的。DVF 筛选法第一步要确定顾客合意性，第二步确定商业可行性，第三部确认技术可行性。筛选时需要多个学科的人共同参与并从不同角度进行分析，同时要考虑传播的网络效应，这一部分决定了服务体系的商业价值。DVF 筛选法过后可以将概念以重要性和确定性为标准进行排序，重要性高且能确定成果的想法为最优想法。

（二）原型设计

原型设计是将创意和概念制作成实体或者是虚拟的模型，是最终设计的服务在正式发布之前的模拟和测试。原型设计需要综合表达，是将概念设计中的想法转换为可视化表达的重要步骤，通常使用大量的图表、动画进行展示、归纳和说明，利用一些视觉化的表达形式来表述自己的意见和创新，将不可见的行为转换为直观可见的图表。可以用到的工具有用户旅程图、服务情境图、故事板等。对于书面或感官描述，服务原型能更形象切实地反映服务体验过程。通过系统、道具、环境甚至员工的模拟，可以帮助我们对所设计服务的功能性、适用性、经济性以及战略符合特性进行全面的了解。在设计的早期阶段（如生成和综合阶段），粗略的服务原型可以为后续的设计提供方向；而在模拟和细化阶段，服务已经比较完整，服务原型则可以提供修改性意见，也是对良好服务设计的一个验证。另外，在设计过程中应当考虑和权衡服务原型产生的成本问题。

服务原型有四种：讨论原型、参与原型、模拟原型、试点原型。森林康养服务设计的原型可以分为桌面演练型和沉浸体验型。设计者可以使用角色扮演的方法，引起用户情感上的共鸣，角色扮演可以让设计者直观了解到用户的设计思维以及所设想的具体解决方案。这与本章第一节中讲述的体验调查有异曲同工的作用，体验效果会更好。一般的服务设计的成果还包括实体硬件产品，对于森林康养服务设计，设计者需要设计出能够充分描述该服务体验情境的场景原型和硬软件原型。场景原型可以通过搭建场景模型快速地获取用户反馈，软件原型可以通过单机、网络或者其他方式构建原型让用户来试用和测试，比如"墨刀"等工具可以制作实验期间的 App，这就可以节省开发环节的时间和成本。

三、服务原型设计的常用方法和工具

服务原型设计阶段使用到的方法与工具有很多，比较常用的包括头脑风暴、移情工具、用户旅程图、原型情境、利益相关者、故事板、服务生态图、商业模式画布等工具。头脑风暴和移情工具在本章前文中已作过介绍，此处就不再赘述，下面介绍的是在学术领域有一定研究积累和成果的方法：

（一）TRIZ方法

TRIZ 方法是由苏联发明家根里奇·阿奇舒勒（Genrich S. Altshuler）在 1946 年首先提出来的。他认为在发明创造的过程中存在一些基础性的原则，而对这些原则加以总结和抽象之后，可以使创新的过程变得更加具有可预测性和可控性。TRIZ 有一套完整的流程和工具来帮助人们实现创新。在新产品开发的过程中，TRIZ 也得到了广泛的应用。因此，有学者也提出将 TRIZ 引入到新服务的设计过程中来，在概念设计和服务思维创新阶段，给设计者以指导和帮助。事实上，TRIZ 在克服设计者的思维惯性，产生新思想、新概念方面具有很大的优势。

（二）计算机辅助服务设计

枝野幸男（Yoshiki Shimomura）等人从计算机辅助设计的角度考虑利用计算机来帮助设计服务。他们将服务模型分为流程模型（Flow Model）、视觉模型（View Model）和范围模型（Scope Model），并在不同种类的模型中设置相应种类的参数来实现对服务的计算机建模。他们开发了软件 Service Explorer，可以基于服务知识库帮助人们设计服务。这是一种新的思路，可以发挥计算机在优化算法上的优势，为设计者提供更多量化的设计参考。

（三）用户旅程图

用户旅程图是从用户视角出发的可视化表达工具，可以将用户与服务产品进行互动式的体验过程分步骤、分阶段地呈现出来，是最常用的服务设计工具之一。用户旅程图着眼于整个服务过程，以服务中的接触点为节点，分阶段研究用户在整个过程中的需求、想法、期望等体验与行为，主要的作用是帮助设计者发现用户痛点和产品服务改进机会点。

用户旅程图的绘制紧紧围绕"用户"展开,是针对一位或一类典型用户的服务旅程进行的具体分析。森林康养服务设计通常会使用时间轴布局的方式来展示用户经历的服务旅程,内容包括阶段进程、行为流程、用户需求、情绪、想法、痛点与机会点等,如图3-7所示为用户租房所经历的服务旅程。绘制用户旅程图的具体步骤可分为:确定用户与收集资料、用户体验重现、明确接触点和用户体验、分析痛点与机会点等几个步骤。

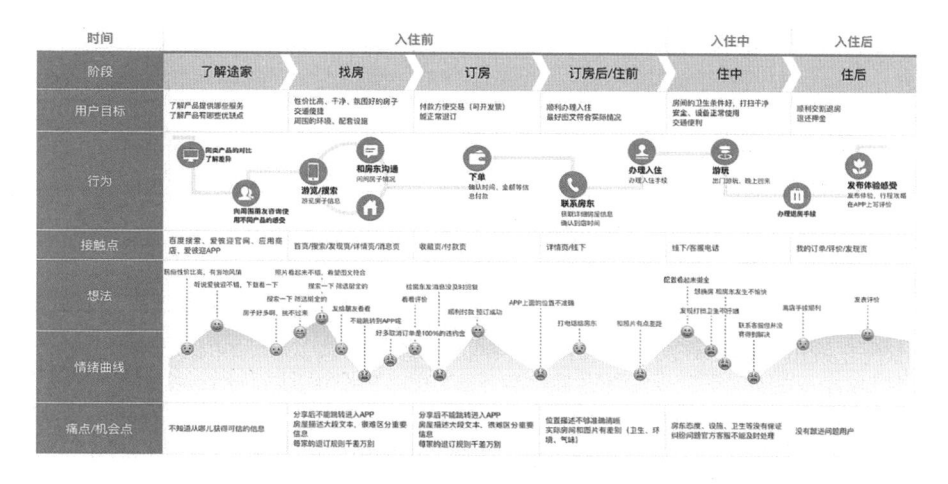

图 3-7 租房服务的用户旅程图

用户体验一般情况下是基于真实发生的事情,通常从一个典型用户入手,收集典型用户的性格、职业、习惯等信息,为绘制用户旅程图提供足够的细节信息。用户体验重现是设计者对用户行为的可视化表达,一般情况下是按照时间进行排序的,不同阶段有着不同的行为。接触点是森林康养服务的关键点,接触点的互动效果决定了用户满意测评的高低,在用户旅程图中用表情图表或符号来表达用户情绪的变化,用户情绪的峰值高低通常是设计痛点与机会点出现最多的地方,二者大多情况下同时存在,是设计的关键点。优秀的设计者可以将用户痛点转换为亮点,成为整个服务设计中的惊喜。除了以上步骤,根据用户旅程图的复杂程度,设计者可以使用图表、图标等工具使用户旅程图变得更加生动、简洁。

(四)桌面演练与沉浸体验

桌面演练,顾名思义就是在桌面上进行排练服务原型的一种方法,具有准备成本低、道具易于寻找、耗时短等优点，也因原型简单易于制作，适用于设计初期用来对方案进行讨论并寻找痛点，对设计定位的修正也有很大的帮助。桌面演练的过程中，设计者可以利用一些小人模型、房子、树木、便利贴等道具在桌面上尽可能还原服务情景，趣味道具可以给用户更好的参与感与代入感。为提高效率，设计者在用户体验过程中可以给予适当的引导。

沉浸体验与桌面演练不同，是更真实的服务体验，沉浸体验型的服务原型可以分为简单参与、仿真模拟、样机测试等。简单参与的优点与桌面体验相似，但有着真实的场景和服务人员参与，之所以叫作简单参与，主要是因为参与体验的服务原型还并不完善；仿真模拟比起前者有着更高、更真实的完成度和参与感，主要功能之一是可以观察真实体验过程中使用经验的产生机制，以及其对后面使用行为和体验的影响进行评估，还可以观察设计者在设计过程中没有考虑到的细节；样机测试是最接近真实的一种体验，在工业产品设计领域使用最为普遍，通常产品的完善度高，测试持续时间较长，参与用户包含的类型比较广，利于产品进行反复的迭代更新。

（五）服务蓝图

服务蓝图是基于用户旅程图的一种系统描述工具，由 G. 利恩肖·斯塔克 (G.LynnShostack) 首先提出。服务蓝图的基本结构如图 3-8 所示，内容包括用户与前台和中后台之间的协作和服务流程，用户甚至工作人员、合作方之间的每一接触点都会更加清晰与规范，在设计的前、中、后期都可使用。使用服务蓝图进行森林康养服务设计，可以使康养活动旅程的每一步骤都可视化，设计者可以通过它来确定服务缺口，发现用户现实的行为与设计之间的差距，同时将服务触点与设计机会点暴露在设计者视野中，进行产品迭代，有助于明确各部门之间的责任和功能，增进各部门之间的协调性，有针对性地开展员工培训工作。服务蓝图不仅可以提升用户体验，同时也能帮助企业提升员工体验。

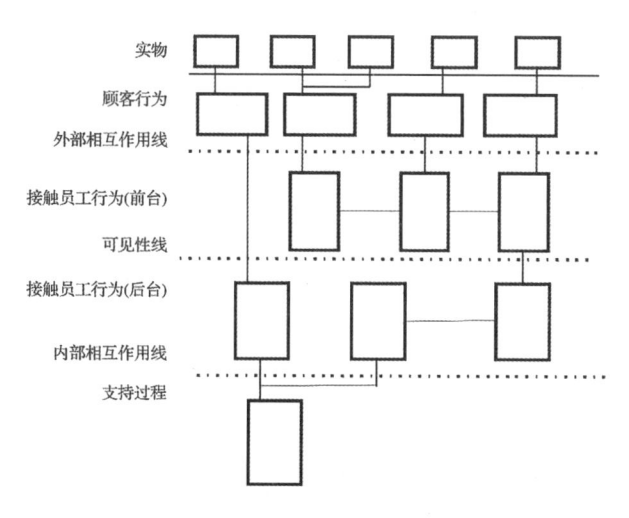

图 3-8　服务蓝图示例

服务蓝图可以描述服务提供过程、服务经历（Service Encounter）、员工和顾客角色以及物理实物（Physical Evidence）等，来直观地展示整个客户体验的过程。通过将活动分解为前端（Front-Stage）和后端（Back-Stage）以及各种活动之间的关联，可以全面地认识整个客户体验过程。同时，结合关系图分析方法（Relationship Mapping），可以更加有助于认清整个服务中，人、产品和流程之间错综复杂的关系，改变其中的某个元素会对其他元素以及整个服务所产生的影响，从而使设计者更好地完善服务设计。

绘制服务蓝图的目的决定了服务蓝图的类型。服务蓝图根据目的不同可分为概念性服务蓝图和细节性服务蓝图，前者适用于设计之初，后者适用于设计中后期。森林康养服务通常要面对的用户年龄层次跨度比较大，需要根据不同年龄层用户的需求提供不同的森林康养课程，因此，不同的用户需求也就对应着不同的服务蓝图。

绘制前台和中后台组织之间的服务行为图，需要森林康养中心所有员工与合作方的合作与参与，可以在森林康养中心或者康养基地展开工作坊，提高团队合作精神，实现资源的有效配置。前台员工行为是直接接触用户，用户直接能看到的服务，这一部分在很大程度上影响着用户体验和用户观感，是展现品牌文化的重要阶段；中后台服务行为是围绕着前台的服务行为展开的，需要注意与用户行为之间的纵向对应关系。

服务蓝图的绘制分为四个步骤：第一步是明确绘制目标和用户需求，第二步是绘制服务用户过程，第三步是绘制前中后台组织的行为，第四步是连接内部行为并丰富展示。服务蓝图的呈现形式最常用的布局就是按照从左至右或者从上到下的顺序，内容主要包括用户行为、前台和中后台行为、分界线、行为发生指向箭头。服务蓝图中通常会有三条比较明显的分界线，分别代表着不同的含义：第一条是用户行为与前台行为之间的分界线，称为外部交互线，也称互动线，表示用户与服务之间最直接的互动；第二条是前台行为与中后台行为之间的可视线，这条可视线将用户看得到的服务行为与看不见的行为分开成两个部分；第三条是中后台行为和其他支持服务工作，以及工作人员之间的活动部分的分界线，称为内部交互线，又称内部互动线。当某项行为穿过以上三条线时，表明此项行为发生了服务接触，这也是服务缺口和机会点最易出现的地方。

森林康养服务中心或者基地的每一部门和员工都与用户紧密相连，因此用户的每一行为都与前、中、后台有着紧密的关系，这一关系也需要体现在服务蓝图中。服务蓝图也需要细节优化，不同的服务蓝图需要不同的细节，例如某个现场交易的结账系统就需要标明顾客行为的时长、顾客心情的变化等。这些细节也可以是用户在每一服务中可能会用到的东西。服务过程中的产品、场地等，都可以被设计者用图片、视频、便利贴等形式展现出来。服务蓝图完成以后，设计团队需要整理流程中有可能会出现问题的部分，按照问题的优先级别进行排序，根据问题寻找解决方案，根据服务蓝图寻找设计机会点，然后再进行下一步骤。

与服务蓝图配合使用的是用户旅程图或者叫用户过程图，绘制服务用户过程图是从用户视角出发的行为，用户通过触点和前台员工发生交互，是森林康养服务设计的关键。这一步骤最好聚焦同一类型的用户，通过角色扮演、原型制作、邀请参与体验等方式尽最大可能地得到真实的用户行为，避免设计行为与用户行为之间的误差。

（六）利益相关者地图

利益相关者地图是将森林康养中心或基地视为一个完整的利益链，将与之有关的利益相关者进行梳理并利用图形将其位置可视化的一种形式。此处所指的利益相关者包括用户、员工、投资方、合作方等等，多方利益交织，同时也将利益作为动机推动森林康养服务的前进动力。利益相关者地图的绘制过程可以分为收集信息、列表和可视化表达三个步骤。

利益相关者地图中包含内部与外部不同类型的利益者，所以在绘制之前就需要进行大量的访谈、研究来挖掘可能被忽视的部分，而后设计者将所有的相关者按照特征、影响力度等进行分类列表，明确所有相关者的利益类型，最后通过图表进行可视化表达，利益相关者地图根据不同产品有着多种表达方式，下面分别是以产品为主线的发散式表达和以时间为主线的横向表达（图3-9）。

图3-9　利益相关者地图的两种样式示例

（七）故事板

故事板又称分镜头脚本设计，这一方法来源于电影制作。它将一系列的服务活动按照一定的次序进行"预演"，通过观察其效果对服务活动进行改进设计，调整接触体和真相时刻（Moment of Truth），重组和优化服务流程。在设计的很多阶段都可以用到这种方法，但通常对设计者的快速手绘表达能力要求较高，所以在进行服务设计时，团队里有一位"灵魂画手"（绘画能力好的人）将非常有帮助（图3-10）。

图3-10　爱彼迎（Airbnb）为客人建立的故事板

绘制故事板通常分为两个步骤：

首先是判断需要完成的任务。这一步是捕获用户已有问题。在过程中需要使用JTBD（Job-to-be-Done）的方法，这种方法要求采访用户，了解他们努力尝试的任务以及在创新路上的障碍是什么（例如从以往产品里延续的焦虑、困惑等）。这种由克莱顿·克里斯坦森（Clayton Christensen）提出的方法并不是简单地提出问题，因为每一个产品需要一个不同的问题建立机制。为了全面了解用户的社交、情感和功能需求，以及我们可能需要的其他重要信息，比如为了弄清用户想要参加哪一种康养课程等，我们将为采访的每个用户建立一个故事板。

其次是合并故事。由于不可能让整个团队阅读每一个用户故事，所以将基于典型用户的故事进行创建活动。对于典型用户的选取，不管用户的任何其他因素或属性如何，都需要合并那些完成共同任务的故事。

故事板通常作为粗略的指导工具来使用。设计者为了能够捕捉到足够的细节，最少需要8个场景（场景图），最多可以有16个场景（场景图），这样才能为观众提供足够的信息，从而与用户产生共鸣。

（八）服务生态图

服务生态图又叫服务系统图，是服务方案系统表述的重要方法之一。它主要用来表现服务系统中各个服务元素以及它们之间的关系、服务系统的结构以及系统的服务目标。服务生态图的特点是具有复杂性、交互性、可持续性和自我进化性。服务生态图与服务蓝图和用户旅程图不同，服务生态图中的所有实体元素是通过物质流、信息流、资金流、人流等各种关系联系在一起的，主要反映服务系统内部与外部环境之间的交互，甚至与其他系统的交互。从原理上讲，服务生态图可以无限扩张，但森林康养服务设计在使用服务生态图时还是需要给予一定的研究范围和边界的。服务生态图可以表明服务系统中涉及的所有元素之间的关系，表明服务系统的结构，反映其目的、功能、特征等。利用服务生态图可以重新组织元素之间的交互关系，或者改变影响交互的环境因素，产生新的商业和服务概念（图3-11）。

服务生态图是服务设计项目特有的构思方法，如果套用前文介绍的"双钻模型"的设计逻辑的话，它基本上是处于正式进入设计或迭代的阶段。服务生态图一般用来探索这项服务中的WH问题，即从What、Where、When、Who、Why和How这样5W1H的角度完全展开服务的生态情况，然后从中寻找和构建新的生态可能性。

绘制森林康养服务生态图通常分为三个步骤：第一步是明确服务流程；第二

步是明确森林康养基地的利益相关者之间的往来属性；第三步是明确元素之间的关系，利用图示进行表达。服务生态图的绘制一定要清晰、明确地表达出各个元素之间的关系，这就要求设计者有着清晰的逻辑思维。除此之外，服务生态图可以根据服务系统自身的特点和属性进行创新性表达，不必拘泥于图的形式，创新式的表达在设计输出与方案展示时往往能发挥更好的效果。下图中左侧的类似饼状图的部分就是服务生态图（Service Ecology Map），需要从 5W1H 的各个角度的生态情况分别填入每一个扇形，进而通过在各个元素之间建立连接来构建生态可能性；而右侧的可能性部分（possibility）描述的就是从这个生态图中能够组合和提取出的可能性。

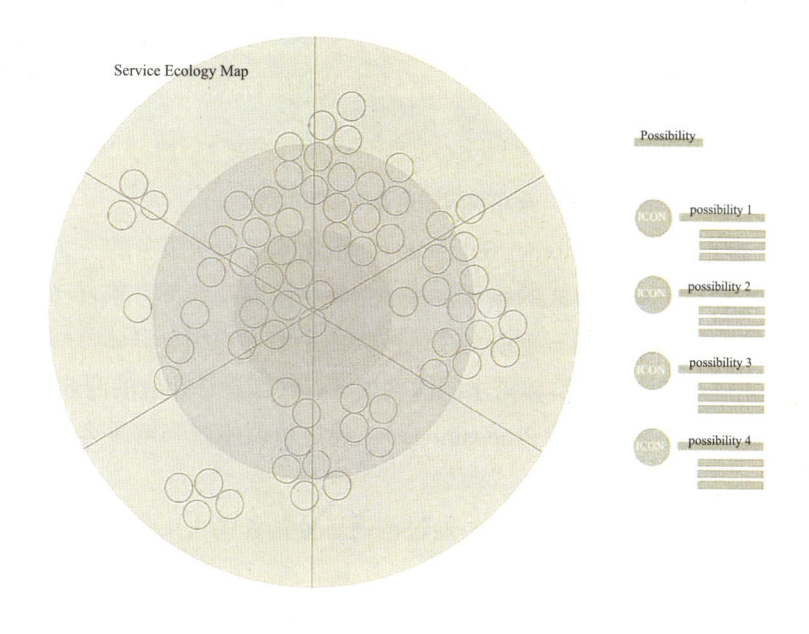

图 3-11　服务生态图示例

（九）商业模式画布（The Business Model Canvas）

商业模式画布（The Business Model Canvas）是亚历山大·奥斯特瓦德（Alexander Osterwalder）、伊夫·皮尼厄（Yves Pigneur）在《商业模式新生代》（Business Model Generation）中提出的一种用来描述商业模式、可视化商业模式、评估商业模式以及改变商业模式的通用语言，用来描绘正在设计的新商业模式和已有的商业模式。森林康养中心或基地需要不断探索新的商业模式来保持良性运营。商业模式画布的基本框架如图 3-12 所示，主要包含 9 个要素：

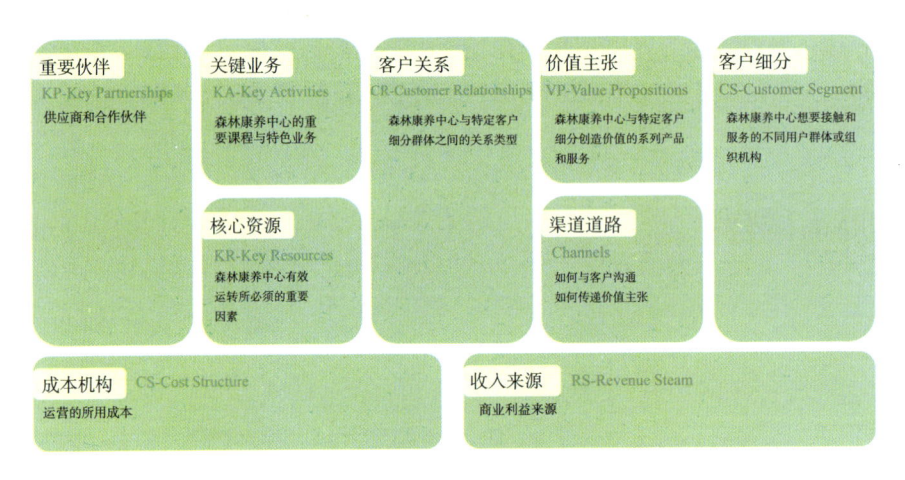

图 3-12　商业模式画布基本框架示例

其一，CS 客户细分（Customer Segment）：企业或机构所服务的一个或多个客户分类群体。客户是商业模式的核心，每一个森林康养基地都有着自己的特色服务人群。商业模式可以定义一个或多个、或大或小的客户细分群体，一旦做出决议，就可以凭借对特定客户群体需求的深刻理解，仔细设计相应的商业模式。

其二，VP 价值主张（Value Propositions）：通过价值主张来解决客户难题和满足客户需求。

其三，CH 渠道通路（Channels）：通过沟通、分销和销售渠道向客户传递价值主张。

其四，CR 客户关系（Customer Relationships）：在每一个客户细分市场建立和维护客户关系。

其五，RS 收入来源（Revenue Stream）：收入来源产生于成功提供给客户的价值主张。

其六，KR 核心资源（Key Resources）：核心资源是森林康养基地所独有的森林资源或特色课程。

其七，KA 关键业务（Key Activities）：通过执行一些关键业务活动，运转商业模式。

其八，KP 重要伙伴（Key Partnership）：有些业务要外包，而另外一些资源需要从企业外部获得。

其九，CS 成本结构（Cost Structure）：由上述要素所引发的成本构成。

商业模式画布最好是协同完成，最后完成时不仅仅是森林康养服务中心的商业模式传达，更应该是品牌文化和品牌价值的体现。BMS（商业模式沙盘：Business Mode Sandboxie）是一个在线制作商业模式画布的工具（软件），里面还有案例库，可以在案例库里面看到优秀的商业画布。

第三节 中后台组织

任何服务行业都有前、中、后台，互联网行业的中后台是大家最为熟知的场景。服务设计一方面强调问题导向，对问题的解读和定义，另一方面，强调对语境理解和资源认识及整合，它需要有宏观的战略性思维，其系统性的创新会直接反映到组织的创新上，在设计前期表现为设计任务书的定义，在后期表现为中后台组织的战略导向。当下的世界处于虚拟和现实相交融的时代，这个时代可以利用互联网将用户需求迅速反馈，同时也突显出迅速迭代等中后台问题。前台设计是体验设计，中后台设计是组织与规划设计，前台设计加中后台设计基本上就是服务设计的核心部分，体验设计通常以消费者为中心，力图提升消费者在每一个触点的体验，而服务设计关注由内而外的设计，如果失去中后台组织的支撑，那么前台服务是没有长期生命力的，在满足人员需求的情况下，中后台组织创新设计需要从创新和物理空间设计两个方面入手。

一、什么是前、中、后台

前台是服务设计中与用户直接接触的部分，是看得见的服务平台，是影响用户体验的主要因素；在森林康养中是森林康养师、领队、接待人员等。

中台是指为前台业务运营提供专业的共享平台，其核心能力是专业化、系统化、组件化、开放化，在森林康养中就是用户管理系统、各个业务部等。在传统的"前台—后台"架构中，各个项目相对独立，许多项目都在重复做同样的事务，让项目本身变得越来越臃肿，也让开发效率变得越来越低。此时，为了提高开发效率，就需要一个中间组织为所有的项目提供一些公共资源，而这个中间组织，就是人们所说的服务设计的"中台"。一个公司生产了大量的项目产品，这些项目看上去风格迥异，却存在许多共同之处。在业务上，共通的东西包括支付系统、用户系统等；在技术上，共通的东西包括游戏引擎、内部开发工具等，而这些共通的资源，都可以由一个强大的"中台"来提供，中台的架构思想改变的不只是项目结构，也影响了研发团队的组织形式。

后台是指为服务提供基础设施建设、服务支持、风险把控、面向运营人员的配置管理系统。森林康养的后台包括基地建设、相关学科基础研究、物资提供部门、结算管理等。

优秀的中后台组织设计是多门学科知识支持下的结果，可以使森林康养整个流程实现"从端到端"的用户体验和由内而外的组织变革。进行组织创新通常需要满足这样几个条件，分别是创新的文化氛围和社会环境、宽松的物理空间、组织高层的重视（授权与投入）、创新人才与团队和方法论。这些条件都和各种人紧密联系在一起："创意者"想法创新多变；"设计者"明白创意转换为产品的过程；"制造者"可以将想法变为实实在在的产品，帮助概念成真；"定义者"可以快速定；"利用者"的眼光独特，能够快速发现别的品牌发现不了的亮光点；"创新者"不按常理出牌，巧用自身优势，提升品牌价值；"学习者"可以鼓动大家一起进步；"协作者"承担着协调团队的重要任务。以上这八类人，都是从不同角度帮助组织进行创新的服务设计人才。

二、中后台组织创新

创造一个有利于设计的组织环境意味着最大限度地提供人际互动、交流和联系的机会，需要打破人们彼此隔阂的常规结构。服务设计师要想在更大的组织范围内产生革命性的影响，需要有足够的勇气和责任，对组织变革的终极目标有明确的战略眼光。大品牌、老企业进行组织变革通常采用自上而下的形式，权威性强。然而一般当企业发展到一定阶段，员工对企业的维护心就会变弱，传统的绩效管理、奖金激励机制对员工的驱动力也会相应地减弱。纵观现在的大公司，通常都会对客户持有独特的理解，包容一切未知的文化与产品。森林康养中心或者森林康养基地将以知识型员工为主，森林康养服务设计想要这类企业拥有开放、互联、协作的文化氛围，首先做的就是进行自下而上的创新，为员工赋能。具体目标就是改变员工与企业之间的关系，具体措施是让员工感知公司的情怀与使命，让每一位员工直面森林康养中心乃至整个行业的挑战，为此需要转变员工的思维，员工不能只关注自己的KPI（绩效、业绩），企业需要提供给员工更高效的环境和工具，充分发挥员工自身优势，让员工迸发出由内而外的动力和创造力，自发性地推动组织改变。

除了为员工赋能，组织赋能也是员工体验中非常重要的一个部分。员工体验是员工对企业所提供的所有支持和运营系统的感受和评估，比如薪酬、福利、休假制度等。在互联网时代，员工体验更多地涉及员工和企业之间的关系、员工和他们所服务的用户之间的关系等软性感知。关注员工体验不仅仅是让员工拥有舒适的办公环境，还需要让员工感受到尊重、平等、友好等积极的体验，员工对企业给予的体验更是品牌文化价值的传达，正当地维护自己员工的权益，防止其对企业形象产生不可估量的负面影响。员工体验还需要合理的组织形式和组织动能，不然员工体验只能流于表面，并不能发挥真正的作用。

自下而上的创新还可以根据森林康养中心或森林康养基地想要达成的目标层次进行不同方法的选择：如果只是想要充分了解用户心理，大幅度提升服务水平，需要组织以用户为中心的主题活动，这一过程通常需要几个月的时间。若是想实现管理体系上的服务设计，企业需要对员工进行以服务设计为主题的内部培训，使用多样化的服务设计工具来支持不同的日常创新活动，这一过程往往需要耗费一两年的时间。如果是需要战略级别的改变，森林康养中心全体人员都需要熟知服务设计相关知识和方法、掌握相关技能和工具，并制定新的用户体验战略和目标，那么整个过程将需要耗费3年以上的时间。

三、物理空间创新

除了上文提到的创新策略，员工在开放的空间与氛围中更易产生创新、独特、优秀的想法，工作空间是企业文化最直接的传达，它不仅仅是指员工的作业空间，还包括其他物理空间，因为，物理空间的改变在一定程度上对中后台组织的变革也起着加速的作用。

森林康养中心或者森林康养基地的物理空间的创新，应该以整体环境氛围的趣味性、开放性为关键特征进行设计与布局。首先要改变的是布局，以森林康养中心或森林康养基地的办公空间为例，传统工作布局以格子间、书桌为主，而整体开放、独立的空间中，员工的工作效率更高，在开放的空间中也需要有小部分能够阻隔噪声、适当的密闭空间，可以让康养师进行思考、放松；随后就是家具的改变，不同类型的座椅和桌子能够带来不同的效果，不同空间下的座椅也有着不同的效果，例如在森林康养中心或森林康养基地的前台接待的公共空间，设置舒适度较低的座椅，这些座椅并不是不能坐得舒服，而是有意为之，因为前台公共空间的座椅只是为了短暂停留而设置，在公共空间长时间霸占座椅反而会阻碍空间人员的流动，影响用户体验。灵感的迸发都是瞬息的，在物理空间中随处可以记下灵感的便利贴、白板等工具必不可少，也可以设置一些专业的影音设备，森林康养中心或森林康养基地的员工横跨了许多专业，年龄层也可能较为丰富，所以需要考虑设置不同年龄层、不同专业背景的员工之间沟通、交流的场所。

第四节　设计迭代

森林康养服务设计的迭代与评估阶段不是为了解决问题，而是为了发现问题。尽早地发现问题可以节省成本，设计者需要找不同类型、不同背景的用户，不停地进行测试、反馈、分析、改进，因此，这一阶段是测试评估、细节优化循环的过程（图3-13）。

图 3-13　设计迭代流程图例

一、测试评估

森林康养服务设计的测试评估环节主要是帮助已成型的设计进行迭代，这一步骤始终贯穿于整个设计流程中,甚至是执行过程中。根据不同的测试目标,需要使用不同的评价方法、工具和评价侧重点。

森林康养服务设计常用三种方法进行评估和测试:启发式评估、接受性测试、可用性测试。这三种方法都需要使用到设计原型,不同的设计阶段,按照研究目标的不同,设计者需要选择不同的原型进行测试评估,过程步骤大致是相同的,但具体操作过程和所用时长相差较大。

(一)启发式评估

启发式评估一般是由3~5位在森林康养领域、设计领域、心理学领域、林学领域、运营领域等有着深厚基础的专家评委从各自的专业领域视角和实践经验出发,以可用性原则作为参考框架(如尼尔森十项可用性原则),来发现设计原型中存在的问题。这是一种专业度较高且相对高效的可用性测试方法,这种测试方法可以用在设计过程的各个阶段,启发式评估可以在设计之初就避免一些根本性错误,从而降低犯错成本,在设计中有着不可取代的作用。但启发式评估的专家评审团并不是真正参与森林康养所服务的对象,因此,始终存在一定的局限性。

启发式评估分为准备、评估、报告三个步骤:准备过程需要确定专家评审团的人员选择,最好是从未参与过这个项目的人员,还需要将项目的基本信息、原型、评估表等工具准备完毕,帮助专家评审团尽可能快速地进入情景;评估过程需要做好评估记录和问题输出;最后根据问题的优先级别形成汇总报告,提出优化方案,为下一步骤的细节优化提供素材和依据。需要特别说明的是,由于专家评审团的背景差异较大,所以使用如桌面演练原型这种较为简易的原型也可以获得较为理想的效果。

(二)接受性测试

接受性测试是通过一定数量的用户样本,在定性分析的基础上,得到的接受性定量研究结果,主要研究用户对已成型的森林康养服务设计项目中的服务任务目标、接触点设计、服务方式、交互方式等内容的接受程度,是森林康养服务设计中让用户参与的重要前提。这个方法多用在开发初期与后期阶段,可以为设计者提供修正设计的依据。在接受性测试进行之前,需要确定接受测试的用户人群。森林康养服务设计是典型的以用户体验为中心的设计,因此用户的选择与喜好至关重要,这决定了设计的质量和用户的满意程度;同时,森林康养服务也是一个非常复杂的系统，因此用户人群涵盖了客户、设计开发人员、服务人员、售后人员、康养师等。接受性测试通常通过调查问卷、用户访谈等形式进行。调查问卷需要在用户体验之后进行，而用户访谈环节既可以在用户体验过程中进行，也可以在体验之后展开。问卷问题的设计大到整体性服务满意度、小到具体的服务细节都应该涵盖到，并且选项的设置需要突出差异性。

（三）可用性测试

可用性测试是使用户沉浸在某一特定场景中，为达到特定目的而使用某项服务，用有效性、效率、满意度三个指标作为评价标准，对该项服务进行评价。这是一种非常典型的实验型测试方法，因为数据来自真实的用户，所以有很较强的说服力。可用性测试能够挖掘出用户的潜在需求，缩短设计开发周期，降低设计成本。可用性测试在方案完成初期、迭代过程中、项目运营前，这三个阶段都可以进行。但是，不同阶段所使用的设计原型有所不同，测试的工具与方法也有所区别。可用性测试的用户样本通常以小样本测试为开端，以发现问题为目的，一般设置6~8个用户是最好的选择；在项目运行之后可进行大样本的测试。整个测试以定性研究为主，一般不开展定量对比测试。

可用性测试分为准备、测试、分析、优化四个阶段，整个过程不断地进行迭代完善，是一个循环的过程。在可用性测试的准备阶段和启发式评估的准备阶段，除了测试场景的准备之外，其他准备工作相差无几；可用性测试的测试场景需要尽可能地还原真实的服务场景，也可以直接在真实场地下进行，需要尽可能地考虑测试场景中的可控性，通过改变某些元素或工具检验可用性的变化，在有条件的情况下可以进行预测试；测试阶段的参与人员不仅是用户，还需要有测试人员对整个流程进行引导，记录用户在各个阶段的行为与想法，鼓励用户随时发表对服务体验的感受，尽量不要提供语言提示与帮助，在测试过后需要对用户进行访谈，并利用录像等手段记录用户感受；测试和访谈过后的数据可以利用Excel软件等工具及时汇总分析，根据问题的优先级进行排序，并给出修改意见；测试报告后需要进行设计方案的优化，在优化过后可以展开新一轮的迭代测试，保证整个设计的完整度。在森林康养服务设计中，场地踏查和体验者招募其实具有可用性测试的性质，但完整的可用性测试，要比场地踏查的范围更大、涵盖的人员更多、包含的测试内容也更复杂。

以上三种测试方法各有所长，互相补充，任何一种测试方法都不能独立存在，根据实际情况灵活运用这三种测试方法才能得到比较理想的效果。

二、细节优化

细节优化是将选定的概念设计在用户测试评估之后，收集用户的反馈，根据反馈进行细节优化设计，使项目更接近实际落地标准，也使整体的服务更加流畅。这个阶段是将设计概念物化和实际应用的重要阶段，主要的工作内容集中在交互设计、体验设计、视觉设计、软件开发这四个领域中。交互设计和体验设计是用户满意度的关键；软件开发工作将根据具体的设计方案决定是否需要制作，在制作时要注意开发平台、开发语言、软件运行和后期维护等协作问题。

设计评价是对森林康养服务设计的整体方案进行评估与测试，评估整体设计是否可以落地、是否被大众所接受，最重要的是要从用户的角度出发，研究森林康养服务流程和用户的体验感受及行为之间的关联。

在完成以上几个步骤之后，就可以进入到概念实施阶段。这一阶段的每一步都需要与商业计划、成本结构、投资合作方密切联系，即使成功实施也要不断测试并及时进行改进，发现问题并解决问题。精益思维，由小至大，从点到线，这一行为也可大大降低后期的运营成本和风险。

第四章　森林康养服务设计案例

在服务设计理念下展开森林康养活动，可以有效提升康养活动的服务质量，改善用户体验和感受，对于提升康体、疗愈和养生效果有很大帮助。服务设计可以理解为针对"组织"与"关系"的设计，运用服务设计的思想和方法，把"森林里的活动"当作"康养服务系统"进行研究。这一转变将使森林康养活动的架构被重新进行系统性的创新设计，特别是结合用户全旅程的体验设计，对完善森林康养服务系统与提升服务体验效果大有裨益。

第一节　浙江省温州市某森林康养基地的森林康养服务设计

以浙江省温州市某森林康养基地提供的职工疗养套餐为例，进行森林康养服务改进设计实践示范，展示一般的森林康养服务设计流程和方法。通过用户体验地图、服务系统图与服务蓝图的应用，明确该基地服务的内容与前、中、后台的关系；通过分析康养服务过程中的体验痛点与机会点，构建包含服务、信息、资金等为内容的服务系统，并针对品牌吸引提升措施、服务接触点完善计划、民俗文化传播手段三个方面，输出森林康养服务平台、公共设施、特色礼品等设计方案，从而提升该基地森林康养服务体验并传播森林康养文化价值。

一、基地的气候地形等自然环境分析

浙江省温州市是首批全国森林旅游示范市和国家森林城市,该基地位于当地一处森林公园境内,地处浙江省文成县西北部,基地总面积682平方公里(东经119°46′45″—119°53′26″,北纬27°48′18″—27°55′48″),海拔高度为380~1362米(系福建武夷山脉由西向东延伸而来,山体土壤系火成岩母质形成的山地红壤和山地黄壤,土层厚度一般为60厘米左右,深山区土壤疏松,富含腐殖质)。该地区属亚热带季风气候区,气候特点四季分明,夏季凉爽,春秋宜人,冬季寒冷,年平均气温为13.7℃,7月最热月(平均气温为23.6℃,极端天气的最高温度为36.4℃),1月最冷月(平均气温为3.3℃,极端天气的最低温为零下6.4℃);年平均降水量为2161毫米,平均相对湿度达80%以上,无霜期约为285天,年平均有雾日为220天,年平均降雪天数为15天。

在当地发展森林康养产业和活动有着得天独厚的优势。自然环境方面,基地拥有丰富的森林资源,属内陆远郊型森林康养基地,森林覆盖率高达93%;林区主要是次生阔叶林,树种超过40种以上,主要树种有甜槠、青冈栎、枫香等;动物种类超过20种,主要有猴、麂(音jǐ,哺乳动物,小型的鹿)、鸟、雀等,特别是短尾猴更是成群出没,经常与游客零距离接触。在政策扶持方面,当地政府已经将建设"全国区域康养中心城市"作为工作任务目标之一。该森林康养基地2018年被评为"温州职工疗养基地",2019年被评为"浙江省森林康养基地""浙江省森林氧吧",是首批入选的温州市森林康养基地的单位之一。

二、基地课程设置

该森林康养基地当前提供的疗养内容主要是围绕文化康养、动态康养、静态康养和食药康养这四个维度进行设置的:

"文化康养"主要是通过不定期的举办森林康养保健知识讲座、森林音乐节、青少年动植物科普教育等文化活动的方式,提升群众对森林和森林康养的认知。

"动态康养"是通过运动体验项目达到康养目的,包括森林瑜伽、森林太极、森林拓展、森林滑道、登山康养漫步、森林自行车等体育运动项目。

"静态康养"是通过在森林浴的过程中用眼、耳、鼻、口、手打开视、听、嗅、味、触五感体验,来体验森林给人类身心健康所带来的益处,通过森林中满眼的绿色和其他色彩进行视觉刺激，听着森林中树叶的摩擦声和虫鸣鸟语等声音进行听觉刺激，同时，通过呼吸高负氧离子的新鲜空气和植物释放的芬多精等进行嗅觉刺激，再加上品尝健康的森林食品和药膳进行味觉刺激，以及接触森林中的无害植物进行触觉刺激，增加安全感、改善人的心情、提高睡眠质量和身体健康水平。

"食药康养"是通过中药调理、膳食滋补和传统理疗来达到身体健康的目的。

此外，该森林康养基地还针对不同人群的需求，设置了5种不同的套餐，分别是：职工疗养套餐，适宜人群为企业职工团队；周末休闲套餐，是针对亚健康人群、三高人群等；慢性病康复套餐，主要针对人群为40~60岁的慢性疾病患者；养老套餐，主要针对人群为60~70岁老年人；学生科普套餐，主要面向人群为中小学生，以自然教育和科普趣味知识为目的。

如表4-1所示，职工疗养套餐设置的时长为三天两晚，每天的康养活动内容和目的侧重点不同：第一天主要目的为建设团队，提高凝聚力；第二天则是康养课程的核心内容，课程安排以动态活动为主，其主要目的为放松身心、释放职场人的不良情绪；第三天收尾课程安排的是较为舒缓的静态活动。经过三天两晚的康养活动，可在一定程度上达到放松身心的效果。

表4-1 职工疗养套餐活动安排表

时间		活动名称	活动内容	活动目的
第1天	16:00前	报到、入住	森林初体验	破冰、建设团队
	晚上	禅茶会	闻香、品茶、森林冥想	
第2天	上午	一见倾心	与猴共舞、我的生命树、流水冥想	放松身心、释放不良情绪、链接自然
	下午	再见如故	照相机、森林呐喊、与自然同频呼吸	利用基地的特有地磁环境、优美的环境开展活动，发现森林之美，利用传统功法加强呼吸功能，锻炼肺功能
	晚上	森林夜探	暗夜聆听、观星、月光冥想	利用黑夜的掩护，释放不良情绪，发现别样森林之美
第3天	上午	森林告别	与自然谈心、藏头诗会	心存善意，许下心愿，恢复活力
	中午	返程		

三、服务设计主要缺口

通过查阅文献、实地调研和沉浸式体验，对当地游客进行观察、访谈绘制该森林康养用户体验地图（图4-1），将整个森林康养服务系统分为森林康养前、森林康养中、森林康养后三个阶段进行分析研究，寻找森林康养体验的痛点和机会点；针对三个阶段剖析各个阶段发生的行为、接触点和需求，挖掘服务缺口，探索更高层次需求，完善康养服务系统的设计。

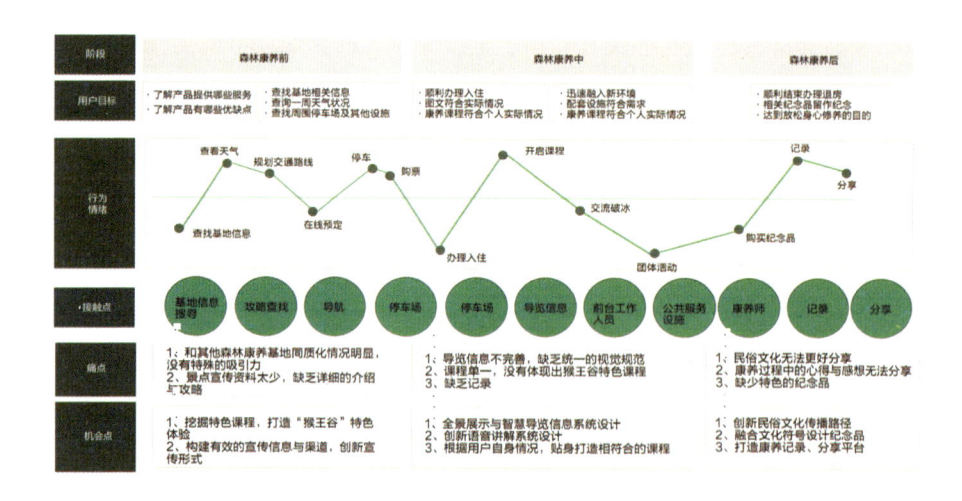

图 4-1　用户旅程图

（一）森林康养前的预服务阶段

用户首先会查阅基地和服务的相关信息与注意事项，而查阅的过程和结果会直接影响到对基地和服务的认知和期望值，容易造成先入为主的印象，进而影响森林康养的质量和体验感受。预服务作为最先和用户接触的流程点，对于整个体验过程起着至关重要的作用，而往往最容易被忽视的也是这个阶段，具体问题举例如下：

1.基地宣传途径问题

如果基地缺少具体的平台推广和宣传途径，就会影响知名度和吸引力。用户在搜索该森林康养基地的相关信息时，希望获得详细的推荐、特色的介绍以及课程攻略，但经调查发现用户普遍认为信息过少，也没有明确的宣传口号，这就能反映出基地缺乏有效的宣传信息与渠道的问题。尽管用户获取的信息来自朋友间的分享交流,可信度更高,但有限的传播力度会导致基地的信息活跃度较低。

2.交流共享不足

用户在查阅资料的过程中缺乏可以借鉴的口碑评价及经验,缺少和其他用户交流经验的机会,无法得知基地课程是否适合自己,这会大大降低用户的信赖感,导致增加焦虑和不安的心情。

3.该基地的相关文化等公告信息缺乏

相关线上资源信息缺乏,用户无法提前得知住宿、餐饮及停车情况,因而不能形成良好的心理预期,不能做好有效、充分的准备。例如当地的一些特色菜、具备时令性的菜品,需要提前了解预定。用户对这方面的信息了解不深入,就无法获得理想的行程体验预设。

4.基地的交通条件还不够完善

基地处于较为偏远的山区,公共交通不发达,需要自驾前往,不开车的游客需要拼车前往,对于不熟悉基地状况的游客来说交通的便利程度对用户体验有很大的影响。

(二)森林康养中的实际服务阶段

1.基地导航标识不够明确,缺乏地域特色

基地出入口处信息繁杂、内容设计规划混乱、信息获取的方式和效率也不高,这些问题会导致用户无法方便快捷地获取有效信息。在视觉设计上,基地的标识导航系统没有地域特色,会降低游客体验的满意度。

2.基地特色不够鲜明

森林康养课程和活动项目传统且单一,游客互动、休闲、康养体验项目不足,主要停留在森林漫步、冥想、品茶闻香等传统常见活动项目层次,其主要问题体现在未能体现特色之处,未能挖掘本地区域资源及文化特色,缺乏创新度、独特性较高的康养服务项目,因此未能形成基地的康养特色与精准的品牌定位。类似该基地这样的同质化问题也是当前森林康养基地存在的普遍情况。

3.课程时间安排的合理性和有效性不高

用户第一天到达之后办理入住,当天仅有一个禅茶会活动,第三天仅有一个森林告别的活动，实际活动项目要少于所宣传的"三天两晚"套餐，会让用户产生较大的心理落差。

（三）森林康养的后期服务阶段

缺乏有纪念意义的专属康养课程纪念品。

缺乏能够发表用户对于课程意见的平台，得不到用户的有效反馈。用户的课程分享多以社交软件的图文方式进行展现，缺少专属的平台进行基地和用户之间的沟通，因此丢失了很多有效互动，不利于基地的改进和成长。除此之外，缺乏课程的更新及特殊节日的特色活动也无法向用户展示基地活力。

课程结束后缺乏延续性体验，基地所提供的服务主要集中在实际服务环节，课程结束以后的互动环节是非常重要和有价值的，忽略了这项工作是造成用户体验互动性不强和课程服务没有延续性的主要原因。

四、竞品分析——国外优秀森林康养案例对比分析

根据对德国、日本、韩国、美国等国外优秀森林康养案例的研究发现，依托于完备的疗愈康养体系、基地或景区内部健全的设施和专业化的康养人员，进行课程设计会更有针对性，划分会更精细（表4-2）。当前国内还处于森林康养理论体系和制度建设的初期，一些森林康养课程的设计更像是一个举着康养旗号的旅游产品，没有充分考虑森林康养的目的和效果，课程缺乏主导思想和明显特征，整个流程设计也并未充分考虑到用户每个人的愿望和需求，对森林康养基地的特色没有进行充分的挖掘和利用，只能将森林康养基地以旅游景区的形象展示在大众面前，这并不能持续地提升基地的知名度和客流量。

表4-2 国外优秀森林康养基地分析简表

国家	基本情况	特色	人群	课程设置
德国巴登巴普森林康养小镇	世界著名的文化遗产小镇，同时也是德国重要的森林康养小镇，位于黑森林国家公园的西北角，小镇的森林土地覆盖率约为3%，人口约5.5万人。已形成旅游、康养综合型产品体系；游客可免费申请游客卡，享受优惠待遇	小镇以预防和保健为主、治疗为辅的康养体系，完善的"防、养、治"的康养体系，丰富、完善的休闲文化和旅游度假服务设施；针对不同目的，为病人提供个性化的康养治愈服务	全年龄人群	针对不同群体，为个人、双人和多人家庭；为参加会展人士、商务人员设计娱乐休闲产品，提供多种选择的套餐，包括饮食、住宿、SPA等项目

第四章　森林康养服务设计案例

续表

国家	基本情况	特色	人群	课程设置
日本FUFU山梨保健农园	FuFu山梨保健农园位于日本山梨市牧丘町，占地6万平方米，拥有丰富的自然资源和先进科学的管理体系，是日本知名的森林疗养基地。以基地酒店为载体，以丰富的自然资源为基础，以"健康管理服务"理念为指导，以专业化人才和先进设备保证治疗效果	通过提供"定制化森林疗养课程"的方式，帮助不同需求的客人实现深度的康养体验，进而达到彻底放松身心和疗养休闲的目的。	全年龄人群	"两天一晚""三天两晚"和"长住"三种类型的住宿计划以及一日游的停留计划，按照个人时间安排游客可以享受任何计划
韩国山阴疗养林	以温带中部地区的针叶树、天然阔叶树为主，是韩国国立山林厅经营的"治愈之林(健康增进中心)"。建有健康促进中心1栋，疗养林路1.5公里，赤脚体验路和自然疗养庭院等	针对不同年龄和需求的人群进行市场细分，采用"全年龄疗养模式"，完整地对应和具化了市场需求，让每一个年龄段的人都可以享受到专属的森林疗养项目	全年龄疗养模式、首都圈的近距离游客	具体课程依据"睡眠调节、运动、饮食疗法、感觉活用、放松和沟通"这六种方法进行
美国图森峡谷牧场度假村	牧场度假村位于美国西南部亚利桑那州图森市，卡特塔利纳山脉下苍翠的丘陵地带，索诺兰沙漠中。东部是峡谷风貌景观，具备繁茂植被资源，周边都是荒漠地带，唯独这里郁郁葱葱，是"荒漠中的绿地"	养生+地产3:1的服务模式	收入中等以上的人群	"全而特"的养生项目；行程套餐+养生套餐

通过对国外优秀森林康养基地的基本情况、特色、目标人群和课程设置特点等核心信息进行比对，可以发现这些优秀的森林康养基地在基础设施、认证体系、人才培养和课程特色方面的工作成果比较突出（图4-2），这为接下来进行服务改进提供了参考和依据。

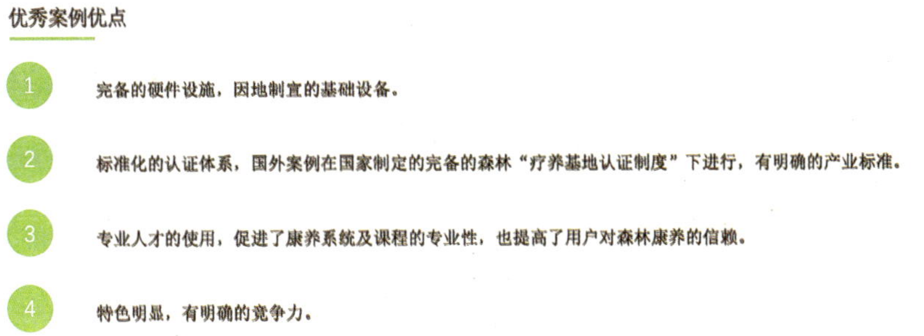

优秀案例优点

1. 完备的硬件设施，因地制宜的基础设备。
2. 标准化的认证体系，国外案例在国家制定的完备的森林"疗养基地认证制度"下进行，有明确的产业标准。
3. 专业人才的使用，促进了康养系统及课程的专业性，也提高了用户对森林康养的信赖。
4. 特色明显，有明确的竞争力。

图4-2　优秀案例优点

五、服务设计导入

在森林康养中导入服务设计，将整合包括人、物、环境、资源、信息等在内的相关资源，形成以用户康养体验为核心的服务系统框架，这有助于提升森林康养服务模式创新的系统完整性，并突出不同森林康养基地康养课程的特色性及体验舒适性。进行森林康养服务设计：一方面能完善服务框架与流程，从系统整合的角度出发，以用户的康养需求为导向，分析各个接触点之间的关联关系，探讨如何建立完整而又舒适的服务流程；另一方面，能综合考虑利益相关者的服务联系，通过服务者与服务接受者之间的互动促进森林康养服务体验的提升。

服务设计作为一种新的设计方法，在复杂的系统中整合技术、商业、流程、接触点等要素，为用户创造有用、可用、易用、高效、满意的服务体验，从不同的角度树立服务架构与组织关系，以用户为中心实现价值创造。森林康养服务的改进设计可以从以下两个方向切入：

（一）深化智慧康养建设，提升服务便捷性

智慧康养依托信息技术，利用智能手机等终端，整合旅游相关的各类资讯和服务，强调新思维、新技术对于传统旅游产业的渗透作用，以个性化旅游需求为导向，满足游客个性化需求，实现资源的共享与利用。

（二）完善服务接触点，促进深度体验设计

结合用户旅程中的接触点设计，为顾客创造有用、好用并且希望拥有的康养服务；为组织创造有效、高效且与众不同的服务，进而提升服务体验效果，传递更积极的特色价值。从用户角度出发，可以以叙述故事的方式描述用户在森林康养服务中的体验情况，以可视化的方式进行服务过程展示，从用户旅程中发现用户在整个使用过程中的行为、需求、痛点和爽点等，针对目标用户的不同服务接触点进行服务流程与体验设计，提炼出产品或服务中的优化点、设计的机会点。同时，帮助服务团队了解用户进行康养过程中的所看、所想、所听、所做，促使他们建立同理心，尽力从用户角度去考虑用户的体验。

以上两方面可以借鉴目前市场上较为流行的旅行类网站平台和景点类 App，如 Trip advisor、马蜂窝、携程、故宫公众号等。用户从行前准备到过程分享，既是服务预设导入过程，也是需求探索过程，更是挖掘服务设计机会点的潜在资源；

通过酒店预定、攻略查询、美食浏览、交通工具预定、购物推荐、论坛分享等行为，用户可以获取他人经验，探索特色活动，还能够根据个人喜好与康养体验时间，创建定制化的行程并添加特色活动安排，从而丰富并提升用户的康养体验。

六、服务内容的优化与设计

随着我国社会发展水平的提高，人均寿命的延长，人口老龄化情况加剧，上班族出现亚健康状态也显著增多。在人们逐渐注重养生和国家推动扶持康养产业的大背景下，森林康养市场蓬勃发展，大批心理学类、植物学类和卫生保健类等多学科领域人才投入森林康养产业发展之中，但是森林康养是服务于人的，所以为了使森林康养服务设计更加完善，有必要尝试提出新的商业模式来辅助森林康养的服务设计方案。

总体思路是在对服务情景进行分析与设定的基础上，通过服务蓝图表达整个服务系统的设计方案细节，服务情景为针对年龄段在25~45岁之间的职工套餐。在服务蓝图中发掘出用户痛点，捕捉设计机会点，通过服务蓝图进一步确定产品功能点，并细化设计方案。

经过进一步对康养服务阶段进行分析整理，挖掘更多的潜在服务缺口，运用品牌形象、情感化用户体验和衍生互动体验等设计方案系统性地解决潜在的服务缺口，设计完整的康养服务系统，创造更好的服务体验闭环。挖掘出的该基地的服务缺口与梳理出的解决方案对应关系如图4-3所示。

服务缺口	解决方案
缺少平台推广和宣传	品牌形象塑造
缺少查找基地相关信息的途径	加强线上宣传途径
课程体验感不强，时间仓促	森林康养个性化课程设计 合理安排课程时间，符合用户心理预期

图4-3 该基地的服务缺口和解决方案

将一个典型的森林康养服务可视化地展示出来，能够清晰地反映出：从用户查找资料开始，到体验森林康养活动的过程中，再到返程结束的全过程，进而明确不同阶段的接触点，发掘用户痛点。针对前文提出的森林康养预服务阶段、实际服务阶段、后期服务阶段，将服务设计介入森林康养基地服务系统，就可以将详细的分析和优化的设计策略通过服务蓝图的形式直观地展示出来。如图4-4所示，该基地森林康养服务改进设计以服务蓝图的形式展示出来的效果。

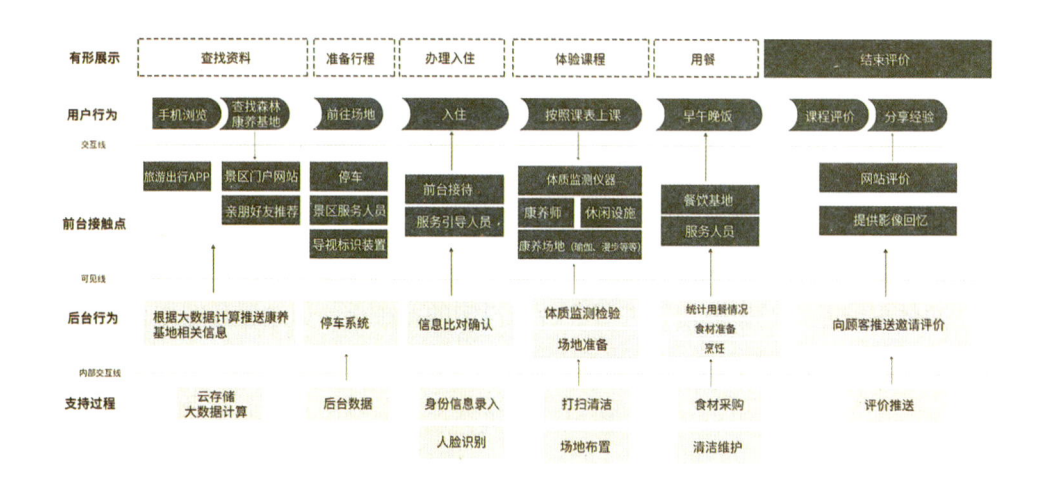

图4-4 本案例中的森林康养基地服务蓝图

（一）情景研究阶段

对于某个森林康养基地来说，情景研究的主要目的是在森林康养活动这一特定场景下，研究康养过程中接触到的人与事物之间的关系，进而洞察问题点进行创新设计，其主要涉及利益相关者和用户研究两个方面。

1.利益相关者研究

服务设计中，对利益相关者的研究和分析结果，是以利益相关者地图的形式呈现的，通过利益相关者地图可以从整体上将服务过程中涉及的不同参与者之间的关系清晰标注出来。在本案例中的森林康养基地的服务过程中，主要利益相关者为游客以及服务提供者，如基地服务人员、课程教师（康养师等）、当地产业相关工作人员等；通过优化每条线路之间的接触点，可以形成用户和基地的良性互动，提升服务质量；本案例中的次要利益相关者为当地政府、企业及相关产业等，为基地系统建设提供政策、资金及技术支持。本案例中的利益相关者地图（图4-5）。

第四章　森林康养服务设计案例

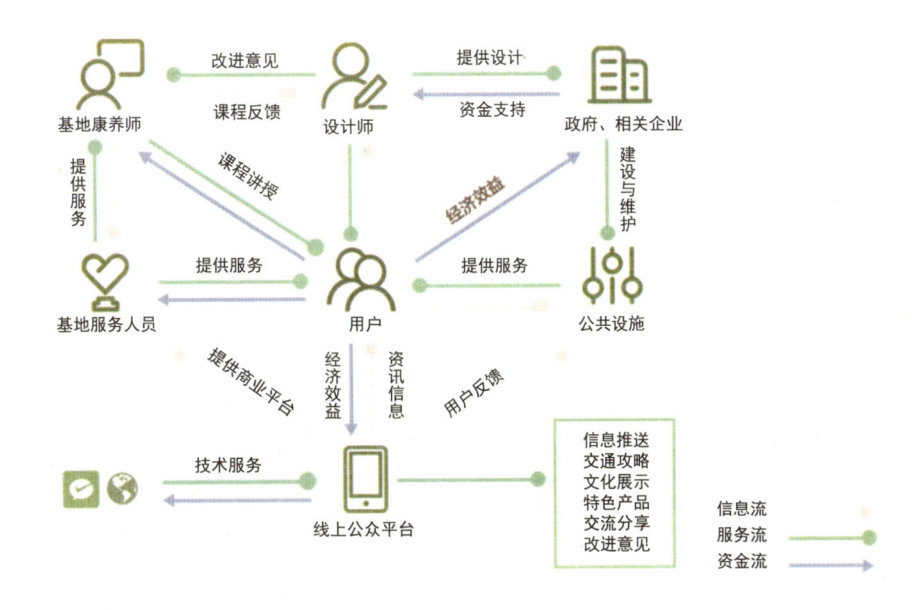

图4-5　本案例中森林康养基地的利益相关者地图

2.用户研究

本案例中，针对该森林康养基地提供的以企业职工为目标对象的森林康养活动套餐进行深入问卷调研和用户访谈，洞察用户的真实需求，制作具有代表性的用户画像，将用户痛点和需求清晰地展示出来，进而探索提升用户满意度的方法。用户研究的主要工作任务就是人群特征分析和定义目标用户群这两项工作。

在本案例中，人群特征分析是以职工套餐为目标进行改进的，用户群体主要为上班族，由于每日重复机械的工作，使得该类人群的特征主要为精神压力过大，呈现肌肉紧张及亚健康的身体状态。定义目标用户群：通过调查问卷、访谈等方式获得典型用户的特征并绘制画像模型；典型用户为在公司工作压力较大的上班族。三个不同年龄段的企业职工典型用户画像示意图，分别是初入职场不久的大学毕业生、生活稳定的职场行政人员和处于事业上升期的职场骨干力量。他们的年龄、生活状态、工作压力都是不同的，对森林康养活动的诉求也是存在较大差异的（图4-6至4-8）。

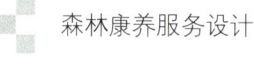

李女士	知识与经验	性格关键词	工作体验
年龄：25	·使用智能手机	·热心	·忙碌
职业：玩具设计师	·学习能力强	·严谨	·劳累
地区：常住北京，江苏人	·喜欢接触新的智能产品	·耐心	·基本无休息时间
家庭成员：父亲、母亲		·勇敢	·急躁
收入状况：3500 元		·刻苦	·拥挤
教育水平：本科		·独立	·杂乱

工作日常
性格开朗的李女士，大学本科毕业以后进入现在的公司实习，作为设计师，每天都在加班，周末也避免不了，节假日也不出门，一直呆在家里。工作上带来很大的压力，也没时间出去旅游。

对旅游区／景区态度
景区都长一个样子，无非是爬爬山、看看水、看看风景，没有很大的区别。

期望
希望能够物超所值，体会到别的地方体会不到的感受。

图 4-6　用户画像（一）初入职场的未婚女性

孙女士	知识与经验	性格关键词	工作体验
年龄：45	·使用智能手机	·热心	·压力
职业：公司会计	·对新事物介绍较慢	·热爱生活	·焦虑
地区：浙江	·基本电脑操作	·耐心	·枯燥
家庭成员：老公、女儿		·和蔼	
收入状况：6000 元		·暖心	
教育水平：本科		·责任心	

工作日常
孙女士在公司里工作快二十年了，每天面对的都是数字，工作枯燥无味。家里女儿在高中，临近高考，每天都焦头烂额，担心女儿的成绩，还有顾着家务，工作家庭两头跑。

对旅游区／景区态度
景区爬爬山还是可以很好的锻炼身体，出去玩玩也不错。

期望
希望能够舒缓压力，最好能够带家属，可以和家里人一起来放松。

图 4-7　用户画像（二）工作和家庭稳定的中青年母亲

张先生	知识与经验	性格关键词	工作体验
年龄：38 职业：高级计算机工程师 地区：福建 家庭成员：老婆、女儿、儿子 收入状况：14000元 教育水平：本科	・使用智能手机 ・对新事物接受较慢 ・电脑操作	・热爱家庭 ・耐心 ・严厉 ・责任心	・压力 ・焦虑 ・枯燥

工作日常
张先生是一位高级计算机工程师，经常加班，家里的事情很少过问，公司事情特别多，也没出去团建过几次，压力太大导致经常掉头发，节假日也没出去过，已经很久没出去玩了。

对旅游区/景区态度
太久没去过了，还是很想看看风景，缓解一下压力。

期望
缓解压力，舒缓身心。

图 4-8　用户画像（三）事业上升期的年轻父亲

（二）服务创新与设计阶段

在服务创新设计阶段，主要目的是将前文总结归纳出的问题转化为解决方案，即根据用户提供的信息绘制用户旅程图，并对旅程图进行分析，总结出设计机会点和用户痛点，对用户的需求进行分析，将用户需求融入设计之中。因此，结合用户旅程图，按照森林康养预服务阶段、实际服务阶段、后期服务阶段三个部分，在前文总结出用户痛点的基础上，展开服务设计的优化：

1.创立网络宣传与预约服务平台

创立森林康养网络宣传与预约服务平台，进行基地概况阐述与课程深度介绍。在进行森林康养体验活动以前，用户可以根据需要在平台查找信息或资讯，后台也可以根据采集的用户数据进行精准化推送，形成行前攻略。同时，用户可以在线购买门票、预定住宿、规划交通、查看天气、精品课程指南等，形成O2O（Online To Offline，线上线下）的消费模式，并使用户形成良好的心理预期，减少对于陌生环境的不适感。充分发挥智慧信息服务平台的优势，实现全面物联的服务信息获取与分享，帮助用户完成个性化主题的服务产品定制，完善资讯推送、康养基地介绍等相关信息。基地服务平台App展示（图4-9）。

图 4-9　平台 App 设计

2.统一规范的导视系统

能够使用户快速地熟悉基地环境，简化信息，并融入地方特色，导览更加顺畅，使用户获得良好的服务体验。企业品牌形象的设计应该与当地的人文地理环境紧紧融合，展现地区特色。通过品牌形象的高度统一和清晰明确的导视系统设计，使用户获得难忘的文化体验。以山东莱芜的"一线五村"古村导识柱设计为例（图 4-10），LED 屏幕显示区域卫星地图，向游客展示目前所在的位置、方向、海拔高度、空气指数以及附近景点等数据，游客可以根据需求搜索附近的公共设施，如卫生间、休息处等。由于景区所在位置地处偏远，导识柱下方设有租赁柜，为游客提供充电宝租赁和雨衣售卖，及时满足游客需求。在具备基本的服务功能之余还增加了交互设计，游客每到达一个导引牌，App 会自动点亮一个烽火台，点亮整个景区的烽火台可以获得相应刀币来兑换礼品，以这样的激励措施来激发游客的参与欲望和好奇心，从而提升服务体验的满意度。

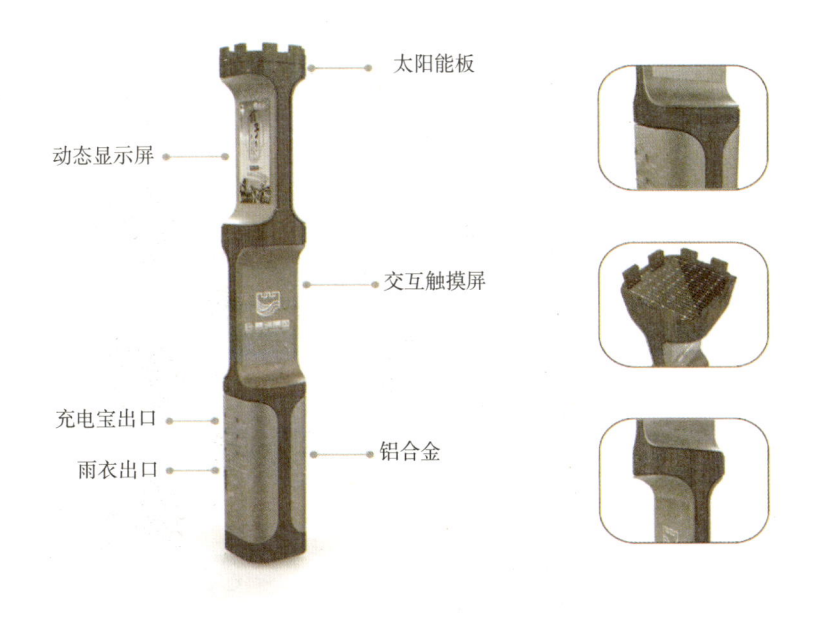

图 4-10 山东莱芜的"一线五村"古村导识柱设计

3.提供个性化的康养服务

因个人因素的差异性，有时针对大部分人群的康养课程设计无法满足用户个体的差异化需求，更应提供个性化、参与性、过程性的服务，激发用户强烈的参与性和互动性，以此获得个性化的康养课程服务体验。依托新信息技术，利用智能手机等终端，整合森林康养相关的各类资讯和服务，强调新思维、新技术对于传统康养产业的渗透作用，以个性化森林康养需求为导向，基于新一代信息通信集成技术，满足游客个性化需求，实现资源的共享与利用，在远离城市喧闹的森林环境之中，使用户在感受宁静森林的同时，体验当地文化内涵；服务设计理念需求融入森林康养服务的设计与规划，有助于形成产品与场景相结合的服务系统解决方案，提升康养服务产品的新颖性与亲民性。

4.优化课程时间安排，调整课程顺序

优化课程时间安排，调整课程顺序，避免用户产生与心理预期的课程时长不匹配的现象。课程设置动静结合，能够让用户有效放松身心。融入该森林康养基地的特色课程，加深用户记忆。针对企业职工重新设计的森林康养服务套餐具体安排如图 4-11 所示。

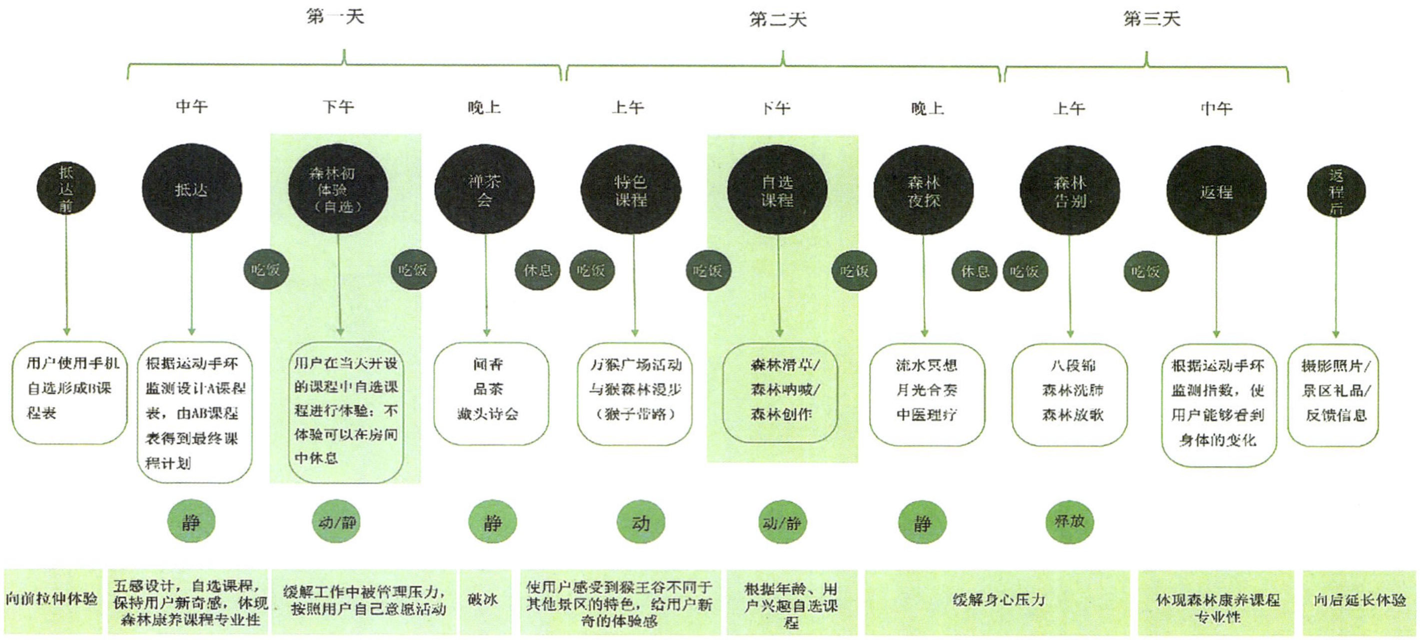

图 4-11 重新设计的森林康养服务安排

5.提供当地文化特色产品

对基地中的相关符号、图形进行提炼、转化与表达，形成具有特色的森林康养文创产品，实现从平面宣传到主体传播的综合性传播，不仅易于传播基地特色符号与文化，也更容易让用户对基地的康养服务留下深刻印象和美好回忆。

6.延续性体验

在课程结束后打造延续性的服务体验，鼓励用户通过平台分享交流经验，提升与用户之间的关联度，增强用户黏性。不定期推送相关活动，例如心理、手作等优秀的讲师将实时更新的课程与建议发布在网络平台上，感兴趣的用户可以进行预约，通过平台登录输入用户自身喜好与信息，可供长期定制康养计划。此外，用户也可将自己的体验心得与手作发布在平台上进行分享和售卖，并赚取"树叶币"（积分），用于兑换康养课程或基地门票。这个商业模式的具体流程细节可以通过商业模式画布来直观表达，其整体流程促进了利益相关者的利益互动，也为用户增加了附加服务的价值。将用户参与康养体验的点滴感受、口碑评价、经验分享等按照时间顺序生成H5页面，将在基地中进行康养活动的点滴过程以图文形式进行展示，在分享到朋友圈的同时也形成日后可以查看的难忘回忆。康养活动结束以后，还可以向用户实时推送团购优惠、节庆民俗和时令丰收等活动的公告信息，提高该森林康养基地的吸引力和活力，延续森林康养服务。

改进后的课程能够使用户在到达基地前就对基地有充分的了解，减少用户的模糊认识。在课程进行中也可以提前对基地的各种康养活动有一个总体的了解，以便用户合理安排课程时间，使未来的服务过程变得更加顺畅。个性化的课程定制使用户获得良好的服务体验，在课程后可以帮助当地政府和基地管理者及时获得反馈，并激励用户主动与他人分享服务过程，从而达到宣传基地的目的和效果。

七、总结

本案例以服务设计为依托，将该森林康养基地面向企业职工的康养服务过程中涉及的服务触点进行系统的、深层次的挖掘和优化，借助服务设计的各类工具，把握用户心理，满足更高层次的体验需求。具体体现在以下几方面：打造基地的特色康养服务，以区别于外界其他森林康养基地；明确园内标识系统的改进方向，以形成完整的品牌印象；打造后期延续性服务体验，让用户感受完整的服务流程。

第二节　北京西山大学生森林康养活动

上一个案例是以服务设计为依托，结合职工康养活动套餐对森林康养基地服务系统进行的优化；本案例是针对森林康养活动进行的服务设计。

一、设计背景研究与场地环境分析

（一）背景研究

近年来，森林康养在促进公众的身心健康方面（如缓解高血压、抑郁症、糖尿病等病症）的优势已在社会各界达成普遍共识。美丽、幽雅、宁静的森林景观环境加上高浓度负氧离子的清新空气，对人们的身体和情绪有良好的调节、保健作用。利用优质森林资源，开展以养生保健和预防疾病为目的的康养活动，正在成为人们追求健康的新潮流和新趋势。

关于森林对于人类的益处研究，现已经有相当数量的资料可供考证。前文已经提到，"乌利希舒压理论"是目前研究森林康养对身心舒压功效的主要理论基础。根据美国德州农工大学"乌利希舒压理论"中的生命自卫本能模型的介绍："不管精神或者肉体，人也会拥有生命体天生所具备的本能，就是在面对不利条件时，主动地选择朝着逃离的方向发展。"简单来说，当人在某一环境中感到压力倍增时，人就会渴望趋向完全相反的环境，实现压力的疏解。而森林除了作为远离城市的"绿色净土"，除了具有净化环境的功能以外，对于促进人的身心健康也有强大优势。这无疑说明，对于身居城区、久居闹市的人来说，城市附近的森林是最佳的身心舒压场所。环境与压力的关系如图4-12所示。

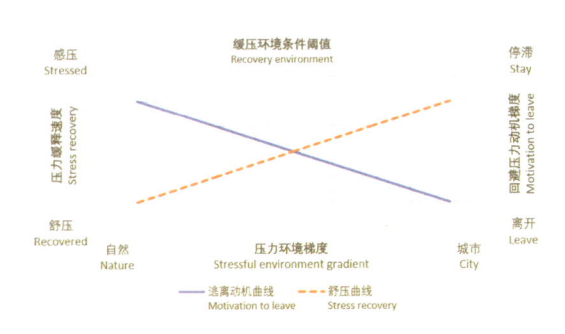

图4-12　环境与压力的关系

森林具有减弱副交感神经，增加抗癌细胞，缓解压力的效果，在心理和生理上对人体健康具有良好的促进作用。但是，森林的这些积极作用并不是完全自动产生的，还需要我们去挖掘和探索。试着回想一下，全家人挑个艳阳的双休日，带上前一天精心准备的餐食，一早开车前往城市郊区的一处森林公园；中午，一家人在草地上津津有味地享用美食、欣赏着美丽的景色，大人们笑谈近期的日常，感慨人生的美好，孩子们在身边玩耍，吵吵闹闹。两个小时过去，大家酒足饭饱并稍感疲累，四处歇息。再过两个小时，尽管夕阳未落，可是无聊的情绪就已然开始蔓延了，但好像已经没有什么活动可以打发时间。总之，不到下午五点，几乎每个人都思考回家路上会不会堵车。这种情景可能很多人都亲身经历过，为什么一家人在有时间、有场地，甚至还有便捷交通工具和网络的情况下，仍然无法在一个森林公园里尽情游玩呢？假如你说为什么还要尽情游玩呢，我已经吃过午饭，感觉很放松、很满足了，为什么还要长时间待在里面呢？那我想问你的是，周末有大把时光，你真的在这短短的几小时内就达到了放松身心的效果吗？你在来森林公园之前是否怀着比现状更美好、更充实的预期呢？如果有，那对于你来说，虽然森林野餐使你感到很满足，但在离开公园的时候，你肯定会产生一些失落情绪，因为你并没有尽兴。从心理层面来讲，你对森林还有兴趣和期待，但这个兴趣和期待没有被满足。

在上面的情景里，全家人在森林公园里自发地进行了一次森林野餐。在森林康养的定义中，我们可以称作这一家人为康养对象，这个行为可以称得上是一次小型的、自发的康养活动。自发的康养活动，其目的和系统的森林康养活动的本质是相同的，即康养对象进行压力调试，促进身心健康。但这次自发的康养活动却存在一些不尽人意的情况：森林公园固然拥有很美的环境，还包括相当大的活动空间和充足的活动设施。但假如康养对象第一次光顾此地，必然对公园的环境因素相当不熟悉。所以，除了吃午饭这一项任务，用户们实在想不出在陌生的环境下，可以实施什么因地制宜的活动，于是只好放大野餐的意义，做出自己凭借一顿午饭的时间就可达到放松的结论假象（图4-13）。

图 4-13　人的探索范围和森林公园的范围辐射图

自发的康养活动和系统的康养服务活动显然存在很大差别。对于康养用户来说，系统性的康养活动最重要、也是最有价值的优势在于——拥有一整套完整、丰富而且科学、有效的活动；除此之外还配备组织活动的森林康养师和相应的活动器材。森林康养师凭借其对森林环境的熟悉和丰富的森林康养知识体系，可以最大程度地带领康养用户充分利用森林中丰富的资源开展康养活动，也可以借助森林公园内部的特殊资源，提供具有地域特色的康养活动。比如：带领用户使用传统扎染技术为自己 DIY 服装、在拥有大片花田的公园进行植物精油的提取活动等等。

这样来看，系统性的森林康养活动相对自发的康养活动优势相当明显，它可以充分利用森林环境为康养用户提供丰富的森林康养活动，使用户在进行康养活动的同时，尽量延长其沉浸于森林环境的时间，使森林中的有益因子充分作用于人的身心，使康养对象在康养活动和森林因子的双重作用下，最大程度实现压力调试的目的。与此同时，用户还有机会通过森林康养师获得新知识、新技能，提升自我康养的能力，而第三方为康养对象提供系统的森林康养活动的本质，其实是提供了一次森林康养服务。

（二）基地环境分析

森林康养服务的概念可以广泛应用于所有拥有实施条件、有一定规模的康养人群的地区。遴选后，拟将北京西山国家森林公园作为此次康养服务体验活动的举办地，选择依据如下：

第一，地理位置合适。西山国家森林公园地处于小西山（属太行山余脉）东部，西倚自然山脊，南起八大处公园，北至香山公园，东临香山南路和五环路，交通十分便捷，是距离北京市区最近的一个森林公园，适合大学生群体乘坐公交车、地铁等公共交通工具到达目的地。

第二，气候地形适宜。西山的阴坡较陡，阳坡较缓，根据此地形有三种难度的登山道路（初级登山路线——平坦盘山路；中级登山路线—石板路；高级登山路线——石台阶）供人选择，为森林康养中的"森林浴"等疗法提供了基础设施保障。如图 4-14 所示，为西山森林公园三种不同的登山道路。

图 4-14 西山森林公园的初级、中级和高级登山道路

第三，基础设施齐备。西山的半山腰有森林大舞台及各种健身设施（图4-15），可利用丰富的森林环境和健身设置，实现"森林冥想"等静疗法。

图 4-15 西山森林公园内的森林大舞台和周边设施

（三）森林康养服务对象分析

本案例选择大学生群体作为康养服务的对象。据世界卫生组织（WHO）统计，目前有 10%~20% 的大学生存在不同程度的心理问题，这些心理问题影响学生日常生活情绪、阻碍学生学习进步。原因是多方面的：学生升入大学以后，开始全面独立，心理和生理发展处于转型期和成型期，但由于物质生活的保障情况、个人角色的转变情况和环境的变化情况都存在个体差异，造成了一部分大学生的心理问题越来越突出。有研究表明，在校大学生面对的压力主要分为 5 种类型，分别是：生活压力、学业压力、就业压力、人际交往压力和情感压力。种种压力纷至沓来，使得相当一部分大学生群体无法有效地自行疏解压力，为其心理和生理的健康发展埋下了较为明显的隐患。在面对巨大压力时，如何正确有效地进行压力调试，成为大学生应该学习的技能之一。同时，针对青年学生的心理健康问题比过去更为多发的现状而言，学校和社会需要重视青年学生的心理健康问题的预防与干预（图 4-16 至 4-17）。

大学生群体承受的压力占比

	适应环境	完成学业	人际交往	恋爱交友	创业就业	经济条件
男生	4.3	2.5	3.5	4.5	5.5	6.5
女生	2.4	4.4	1.8	2.8	3.8	4.8

图 4-16　大学生群体承受的压力占比

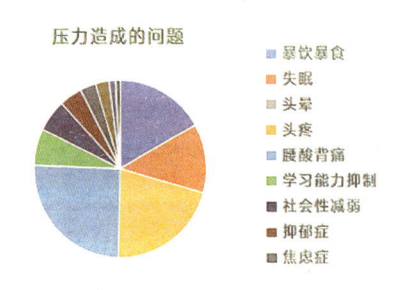

压力造成的问题
- 暴饮暴食
- 失眠
- 头晕
- 头疼
- 腰酸背痛
- 学习能力抑制
- 社会性减弱
- 抑郁症
- 焦虑症

图 4-17　造成压力问题分析图

世界卫生组织曾对 18~24 岁的人群进行过心理健康指数调查，发现这个年龄段群体的心理健康指数低于其他各年龄段，且相较其他年龄段的抑郁表现水平达到峰值。不仅如此，针对此类人群的心理健康服务便利性不足，满意度比较低，足以说明大学生心理健康问题的严重性和解决该问题的紧迫性（图 4-18）。

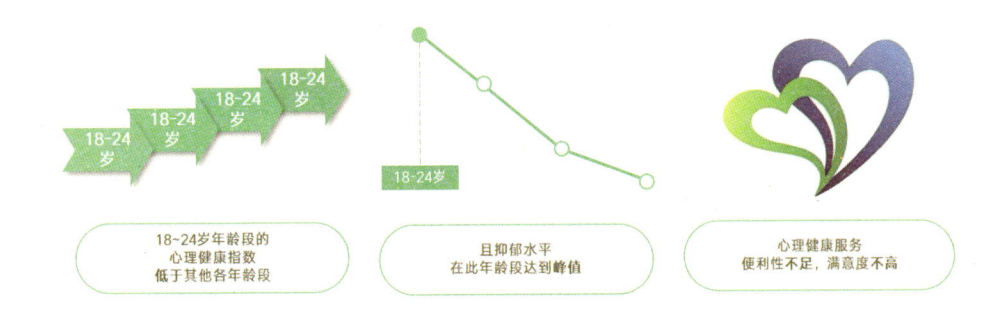

图 4-18　18~24 岁的人群相较其他年龄段的特征

（四）价值分析和意义

将森林康养活动应用于大学生群体进行压力调试，是通过将某地区的森林资源进行有针对性设计规划，面向该地区的大学生群体开放，伴随着以森林康养师为主的康养课程等服务的提供，解决大学生群体的心理问题，满足减压疏解的需要，这不仅仅是对当地森林资源的有效利用，更是对大学生群体的关爱，同时带动了周边地区相关产业的发展。

向大学生群体实施森林康养服务活动的意义：

首先，森林环境有利于大学生群体的身体健康。第一，森林中有负氧离子，能促进人体新陈代谢，使人呼吸平稳、血压下降、精神旺盛以及提高人体免疫力；第二，森林植物中所释放的芬多精，能减少肾上腺素的分泌，降低交感神经兴奋性，降低血压及脉搏率，调节荷尔蒙分泌变化，使人感到平静、舒适；第三，森林环境能使人体皮肤温度降低 1~2℃，增强听觉和思维活动的灵敏性。

其次，一个具有良好心理素质的青年学生，可以更好地适应外部环境的变化，更好地发挥自身潜能，森林康养活动能维护和促进大学生群体的心理健康。森林康养活动能通过五官（视觉、听觉、嗅觉、味觉、触觉）刺激实现降低疲劳、愉悦放松、改善心情、调节情绪的效果，进而调节人体的心理健康。

最后，森林康养服务有利于提高森林资源的利用率，带动森林及其辐射区域的发展。西山是一个泛指，包括植物园、香山、万寿山、玉泉山、圆明园及附近的鹫峰、阳台山、妙峰山、凤凰岭等一直延伸到门头沟的广大山区。位于其中的北京西山森林公园和八大处公园、香山公园的直线距离都在 2 千米左右，步行即可到达。通过发展西山森林公园的森林康养项目，可以带动用户向其他两个公园流动，借此形成的三大公园休闲圈，将极大程度地提高客户吸引力。

二、课程设置

在参与森林康养体验的群体性别比例和人数不确定的情况下，为了实现因人而异、因地制宜的目的，通常会将森林康养项目根据"动态疗法""静态疗法"进行分类，如：针对女性大学生群体，"静态疗法"的项目应多于"动态疗法"，男性大学生群体则相反，而男女混合群体，两种疗法的项目应大致相等。

在参与森林康养的人数方面，如果参与项目体验群体的总人数过多，应适当分组进行康养，以保证康养活动的效果。根据 2018 年发表在《林业与生态》上的文章《森林康养 100 问》中所述：森林康养主要是以组织活动形式进行，10~15 人为一组比较有利于达到康养的效果。因此，针对大学生团体的森林康养活动，应将康养群体拆分或合并，将每一组的成员人数控制在 15 人左右比较合适。

在参与康养活动群体的性别比例方面，拟将康养群体划分为以男生为主的群体、以女生为主的群体和男女混合群体三类，这三类群体的情况存在差别，活动内容的设置上也应有所侧重。

男生群体身体素质较强，思维活跃，适合较高强度体育活动、冒险竞技类活动。

女生群体身体素质稍弱，思维细腻，适合娱乐休闲类的中强度体育活动和手工艺术创作类活动。

男女混合群体则综合以上两类群体的特点，活动设计应均衡，既有适合男生群体的活动，又有适合女生群体的活动。

至此，康养活动的对象群体的划分原则和分组工作都已完成了前期准备，但康养活动的时长也称为康养活动周期，如何确定和设置还需要进行研究和分析。这项工作可以根据服务对象生活作息特征和场地条件进行设计和规划：大学生群体通常统一休息时间为周六、周日两个整天，所以该群体最多有两天时间可进行康养活动；又根据西山森林公园官方网站的信息得知，该地的建议旅游时长为 1 天，有露营需求的用户要求在园中指定的区域露营，将入园时长延长至 1.5~2 天。综合以上情况，本次康养活动时长可以设计两种方案：一日和两天一夜。有了不同类型的康养小组划分和康养周期设定，接下来就可以进行康养活动设计，2 种康养活动时长和 3 类成员分组，可以组合出 6 种康养活动课程，将康养活动可视化展示出来，如图 4-19 所示，各种组别的康养活动精确到具体时间，可以有效地把控整体效果，对参加体验者形成有效地预设，从而提高康养活动的接受度、配合度和体验者的积极性。

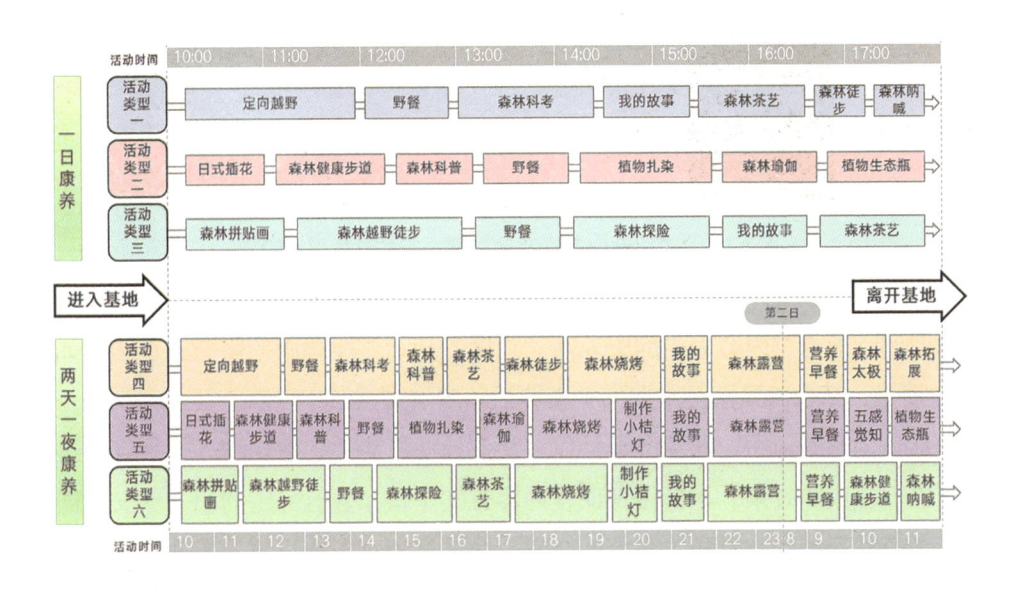

图 4-19　6 种森林康养活动课程设置

在设置课程内容时，需要注意充实丰富的康养活动的同时，兼顾用户对象的身体情况和当天的状态。如图所示的康养课程类型一，是男生群体为主的一日康养活动的方案，活动方案以"动态疗法"为主，"静态疗法"为辅，动静结合，交叉进行，基本保持在中高强度的运动水平；此外，还需要将每种康养活动课程进行详细设计，包括活动项目的内容、时间、时长、物品准备、所需设施、相关人员等，这是活动顺利开展的必要保障，是不能缺少的环节。如图 4-20 所示，是本次康养活动项目类型一的课程设置和准备细节展示图。

序号	活动名称		活动内容	参考时长	物品准备	活动时间	设施
1	定向越野		为自己取一个自然植物的名字并进行解释，使参与者相互了解，达到破冰的目的	90min	地图、指北针	10:30-12:00	植物标牌
2	野餐		用户们拿出午餐、水、零食，并相互分享	60min	野餐布（防潮垫）、美食、水	12:00-13:00	无
3	森林科考		亲身实践深入林中，探索新事物，了解不同种类的植物、动物，体验昆虫标本制作	90min	放大镜、显微镜、A4纸、水彩笔	13:00-14:30	森林手工坊
4	我的故事		将自己或他人的故事写在纸上，然后互相交换纸，由他人朗读故事，大家一起讨论解决方法	60min	A4纸、野餐布（防潮垫）	14:30-15:30	无
5	森林茶艺		煮一壶春天的茶，围坐，用生命之光照亮彼此、温暖彼此，清理积郁的不良情绪	30min	无	15:30-16:30	茶亭（开水、茶具、杯具、桌椅）
6	森林徒步		在苍翠丰盈的原始森林中，步行长达6公里的森林康养游步道，享受负氧离子的浸浴	60min	一次性雨衣	16:30-17:30	森林健康步道
7	森林呐喊		在森林中大声的呐喊，宣泄自己内心的压力	30min	无	17:30-18:00	无

图 4-20 本案例中某一活动类型进行的具体课程设置

活动方案由康养活动小组的领队和森林康养师持有，康养小组的组员只需要以时间、地点、内容为主的康养活动地图，相当于简化版的服务旅程图。如图 4-21 所示，活动路线图是本案例中康养活动项目类型二，以女生群体为主的一日康养活动的路线地图；活动方案是以"静态疗法"为主，适当加入低强度的运动量，以保证康养效果；尽量做到课程内容充实丰富，且有一定的纪念意义。图中展示了全部活动内容和相关内容的介绍，非常清晰直观地将康养活动展示给领队和参与活动的小组成员。

图 4-21　本案例中某一活动类型的活动地图

三、优秀参考对象分析

（一）德国黑森林康养基地

内容：康养森林、休闲山庄、水疗中心、红酒庄园。

优点：食宿推出三级消费标准（高中低）。

缺点：森林体验活动较少，倾向于"森林房地产"。

（二）日本FUFU保健农园

内容：康养森林、山庄、药田、理疗。

优点：将心理咨询纳入活动，并配备相应理疗。

缺点：服务人员要求高，活动价格较高。

（三）美国克兰登小镇

内容：康养森林、社区农业、森林学校、森林娱乐。

优点：不仅满足游客需求，还开发针对当地居民的森林项目。

缺点：小镇的改进建造造价高、工期长。

（四）中国八达岭森林体验中心

内容：八达岭森林、森林馆、户外体验区。

优点：强调体验森林之美。

缺点：产业相对单一。

将以上四个优秀的康养基地，以服务特色和价格定位为坐标进行分析，可以清晰地看出不同康养基地的品牌定位和特色，同时，也可以将这四个康养基地作为参照，对本案例中的活动场地——西山森林公园提出定位规划建议。如图4-22所示。

图4-22 本案例中对优秀参考对象品牌定位与特色的分析图

四、用户画像

这一部分主要是根据大学生群体的典型特征进行用户画像，目的是便于组织者快速掌握服务对象的主要特征信息和理解用户的差异性需求，本案例中大学生群体的典型用户画像如图4-23所示。

图 4-23　本案例中大学生群体的用户画像

五、服务设计

（一）服务定位和服务蓝图

本案例将以北京西山森林公园作为实施载体，并借助相关配套工具，为大学生群体提供疏解压力的森林康养活动。在现有公园视觉系统的基础上添加特定的康养活动的视觉设计和衍生品设计。详细的服务蓝图如图 4-24 所示：

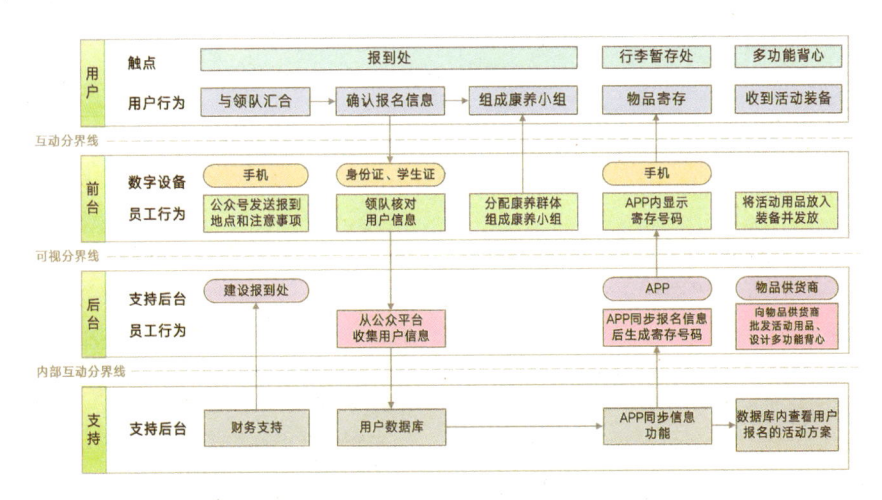

图 4-24　本案例中的大学生森林康养活动服务蓝图

（二）商业画布

针对本案例进行商业画布分析，可以获得用户的潜在需求和商业机会。如图 4-25 所示，本案例的森林康养服务商业画布。

图 4-25　本案例中的森林康养服务商业画布

（三）利益相关人图

为了更好地掌握大学生森林康养服务利益相关者情况，研究团队对本案例涉及的利益相关者进行了分析和归纳，并绘制了大学生森林康养服务的利益相关者地图，如图 4-26 所示。

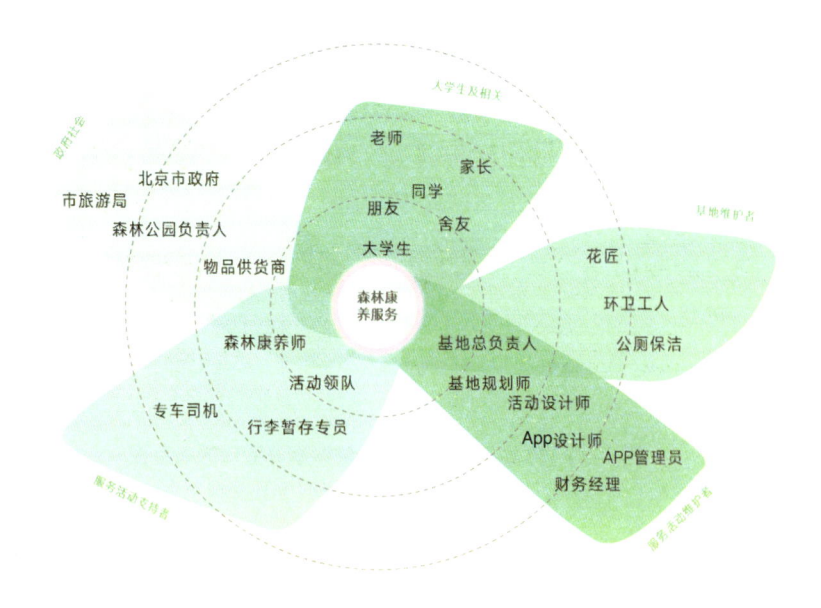

图 4-26　本案例中的利益相关人分析图

第四章　森林康养服务设计案例

（四）系统地图

主要是为了更好地完成本案服务，部分隐含的要素如何流动，可以通过系统题图展示出来，方便参与者和主办方更好地把控这些要素。

1.物质流

用户流和行李流统称为物质流。本案例中的物质流包括：大学校园内的大学生，从宿舍、社团或班级等地点召集活动参与者，组建成康养群体；康养群体到达沐森森林康养基地（森林基地是被建立的康养品牌，负责组织康养活动，寻找适宜的康养场地。此处的康养场地是西山森林公园），经领队分配后组成康养小组；康养小组将随身行李放入行李暂存处，随后进入西山森林公园；康养活动结束后，回到大学；基地工作人员工作时进入西山森林公园；向物品供货商购买本次康养活动所需的物品，并运送到现场。本案例中的物质流系统地图如图4-27所示。

图4-27　本案例中物质流的系统地图

2.信息流

首先，大学生从信息平台（公众号或广告等）了解到康养活动后，向信息平台投送报名信息，沐森康养基地从信息平台接收到报名信息，将信息传递给基地工作人员进行活动准备；基地工作人员的信息也将公布在信息平台上供用户查看。其次，沐森森林康养基地可将活动资源介绍给学校，与学校达成合作，成为学校官方指定的大学生康养基地。再次，西山森林公园与沐森森林康养基地合作，西山的负责人将地形、区域规划、设施设置等信息给予沐森森林康养基地。接着，行李寄存处将康养用户的寄存信息交给基地。最后，物品供货商提供物品信息和价格给基地。以上这些信息流以系统图的形式展示出来，可以发现机会缺口和重点关注部位，以便做好前期准备，保证康养服务的顺利开展。本案例中信息流的系统地图如图4-28所示。

图4-28 本案例中信息流的系统地图

3.资金流

第一，在校大学生可自行向沐森康养基地报名，并交纳一定的报名费。

第二，大学可以和沐森森林康养基地达成合作，使之成为学校官方指定的大学生康养基地；学校替学生交纳报名费，组织学生定期参加康养活动。

第三，西山森林公园参与康养产业的合作协办，并提供一定资金支持。

第四，沐森森林康养基地向物品供货商交纳物品资金。

第五，政府鼓励发展森林康养产业，并按政策给予支持，发放政府补贴。

将以上几条资金流以系统图的形式展示出来，可以发现与资金有关的问题，并找到机会缺口，从而改善服务。如图4-29所示，本案例中资金流的系统地图。

图 4-29　本案例中资金流的系统地图

六、内容优化

为了达到良好的疗养效果，压力的疏解周期与个人疲劳类型和压力大小关系密切。个人疲劳类型可以分为：体力疲劳、脑力疲劳和心理疲劳三类。康养活动针对脑力疲劳和心理疲劳人群的压力疏解效果最为显著。心理压力大小与面临压力的时长呈正相关，就像当众发言而产生的紧张情绪，源于对未知的恐惧，往往发言结束即可得到缓解，这种可在短时间内缓解的压力，一般属于应激反应；而病理性压力则需要较长周期的疗愈，甚至配合药物进行长期治疗；除了这两种情况以外的压力症状，通常都是可以通过康养活动进行有效调试和疏解的。如图 4-30 所示，疗养周期与适应证的关系图。

还需要强调的是：康养服务活动的实施并非一成不变，还需要相关设计师进行后期维护工作，包括：备选方案和应急策略，如遇刮风、下雨、下雪等恶劣天气，导致康养活动难以实施，活动场地不对外开放等突发情况；不同季节的特色活动设计，比如四季气候差异比较大的基地，一般会根据季节气候特点为用户提供当季适宜的康养活动；另外，保持康养方案阶段性的微调与更新是很有必要的服务完善和迭代手段，比如每个月基地的活动设计师会小范围更改康养活动方案，不定期设计新的康养活动，以保证用户的新鲜感；基地根据康养群体反馈情况，可能删减或增加某些康养活动等。

图 4-30　疗养周期及其适应证的关系图

七、本案例的价值和意义总结

北京西山大学生森林康养活动设计的价值和意义在于：第一，能够通过康养服务课程，借助康养设施等帮助大学生进行有效的身心压力调试，为心理或生理处于亚健康的大学生实现压力疏解；第二，充分利用了城市周边的森林资源，开展除旅游外的、有目的性的服务体验活动，展示了森林体验之美；第三，对于当前我国森林康养基地已投入建设，但缺乏相应康养服务设计的现状，本案例具有示范作用，能够为森林康养产业的特色化区域发展提供参考和借鉴。

第五章　康养服务设计延伸

中国发展森林康养有着得天独厚的优势。中国人从古至今都很清楚地意识到自然对人们的疗愈和滋养。传统文化中的"天人合一"思想是森林康养理念在中国快速传播和发展的思想基础。康养活动得到了国家和地方政府很大力度的政策性扶持，康养服务已经开始形成标准化的意识和趋势，在康养活动的模块中结合自然疗法进行舒心、减压活动，让人与自然亲近、融合，除了森林以外，国内各大森林公园、康养基地、康养小镇和康养人家等康养机构都在挖掘自身资源优势，探索不同特色的康养服务，比如沙漠康养、海洋（海滨）康养、草原康养、温泉康养以及湿地康养等。其实，在森林中进行的康养活动都可以因地制宜地应用到人能涉及的其他自然环境中去，结合其他地理环境的特点和优势，康养活动以森林为参考点和出发点，根据其他自然环境的条件设计出具有环境特色和针对性康养活动，其中许多用于森林康养的疗法类型和活动项目都可灵活、变通地用于其他康养活动中，并根据气候、地形特征进行完善与优化。

第一节　海洋康养

在地球上，海洋的总面积约为3.6亿平方千米，大约覆盖了地球表面积的71%，巨大的面积使海洋成为地球最大的储热体，海洋上的海流是地球表面最大的热能传送带，因此，在地球上，海洋是决定气候发展的重要因素之一。同时，海水中还带有约3.5%的盐分，为地球制造大量的水蒸气和养分。对于人类而言，海洋与人类的生活有着密不可分的联系，一望无际的海洋拥有庞大的生物系统，海洋所拥有的丰富的生物资源是蛋白质最大的供养基地；此外，海洋拥有巨大的自我净化能力，每一秒都在为地球分解大量的有害物质。海洋给人类带来的价值是无法估量的，可见海洋对于人类生活是极其重要的。

"靠山吃山、靠海吃海"，人具有发挥主观能动性，挖掘自然资源的优势和潜能。很多沿海地区的人们发挥聪明才智，建立依靠海洋资源的生活方式和商业模式，很多以海洋为主打的旅游胜地，都具备开展海洋康养的条件，这些地区以沿海文化为中心，结合当地丰富的自然资源，逐渐发展成集娱乐和购物、餐饮和住宿、游艇码头、主题公园和文化岛于一体的旅游胜地；并且以港口为中心，形成村庄、岛屿，各种体验项目与周围的景点相连，形成独特的主题特征，创造了"海洋文化+"的体验模式。

一、海南省发展海洋康养的资源优势概述

在我国发展海洋康养，自然而然会想到海南岛。这里海洋资源丰富，作为中国最大的海洋旅游地区，开展海洋康养的资源优势丰厚。静态活动需要大量的自然景观，海南有海口的观澜湖、琼海的官塘等，为用户提供了良好的视觉环境；海南温泉遍布全岛，水质多样，丰富的温泉资源是进行保健和物理治疗的重要组成部分之一，理疗保健效果好，是游客体验所必选的活动之一；在海南，高尔夫球场的数量也很多，体验打高尔夫球也成为游客的运动选择之一；解放军总医院海南分院等国家级高级医疗机构和三亚具有中国特色的医院正式建成，海口三江光中医药示范基地建设不断加快，传统推拿按摩、温泉等理疗产品不断升级，这些卫生保健机构为海南的康养旅游产业带来了稳定的收入；这些资源的整合和探索，已经使海南从单纯地依靠景点旅游业，发展到疗养结合、康养式旅游综合发展的模式。

（一）海南的气候地形条件

海南岛位于北回归线以南，终年太阳高度角大。夏至前后有两次太阳位于天顶，正午时，太阳高度角在84°45′—86°45′；即使在冬至日，正午时，太阳高度角也在46°05′—48°05′。海南全省各地夏至与冬至的昼长相差很小，因而，太阳辐射能相当丰富，日照充足，为热带气候。海南岛位于东亚季风区，受季风影响较为明显。东风带系统和西风带系统对其均有影响。海南各地的年平均气温为22.5~25.6℃，以中部的琼中最低，南部的三亚最高。等温线向南弯曲呈弧线分布，从中部山区向四周沿海递增，23℃等温线在中部山区闭合。由于海洋的调节，

海南气温年变差普遍较小，多数地区为 8~10℃，三亚最小（7.6℃）。普遍比中国大陆地区低 5~10℃。海南各地的年平均雨量为 923~2459 毫米。等雨量线呈环状分布，中、东部多，西部少；山区丘陵多，沿海平原少；多雨中心位于万宁西侧至琼中一带，少雨区位于东方县沿海。多雨中心的琼中县，年平均雨量为 2458.5 毫米，有历史记载的年最多雨量为 3759.0 毫米（1978 年），年最少雨量为 1398.1 毫米（1959 年）；少雨区的东方县，年平均雨量为 922.7 毫米，年最多雨量为 1528.8 毫米（1980 年），年最少雨量为 275.4 毫米（1969 年）。琼中与东方直线距离不足 150 千米，雨量相差竟如此悬殊。海南岛降水的季节分配很不均匀，有明显的多雨季和少雨季。每年 5~10 月是多雨季，总降雨量 1500 毫米左右，占全年降雨量的 70%~90%，雨源主要有锋面雨、热雷雨和台风雨；每年 11 月至翌年 4 月为少雨季，仅占全年降雨量的 10%~30%，少雨季时干旱常常发生。

从海南岛的地势来看，其地势四周较低、中间较高，从中间到沿海地区包括山地、丘陵、平原等地形，地势呈现逐渐递减的形态。岛屿环线内呈现出层状结构，具有阶梯地势多，丘陵密集、平原较少的特征。在多种地形中，海拔高度高于五百米以上的山地地形约占全岛的 25%，丘陵地形约占全岛的 13%，平原占地约为 11%，其余地形占全岛的 0.6%。从海南岛的地势总体特征来看，其地形主要以山地和丘陵为主，二者相加占海南岛总地形的 38%。其中山地主要位于海南岛的中部以及南部地区，形成中部低山地形。山地主要包括五指山和鹦鹉山，这两座山为海南岛山地的核心部分，地势较高，呈现东西走向。山地中海拔高于 1000 米的山峰有 600 余座，五指山是海南岛海拔最高的山峰，其海拔为 1867 米。该山峰因断裂作用拥有断裂谷地，该谷底西侧有鹦哥岭、猕猴岭等山地，东侧为五指山、青春岭等山地。在海南岛的西部地区拥有雅加达岭、仙婆岭。诸如此类的山岭成为河流的发源地。山地旁多为丘陵地形，位于海南岛中部地区。海南岛的山地丘陵周围广泛分布着宽窄不一的台地和阶地，台地和阶地面积占全岛面积的 49.5%，包括熔岩台地、花岗岩台地、红岩台地、山麓洪积台地、变质岩台地和河流阶地、海成阶地等。海南环岛，除南部个别地方山脉直逼海岸外，多为滨海平原，主要有冲积平原、海积平原、冲—海积平原以及潟湖、沙地等，面积占全岛面积的 11.2%，为海南岛主要的农业区。海南岛的冲积平原，主要由河流从岛内陆携带物质在河口冲积而成。其中以南渡江、万泉河、陵水河和昌化江等河流下游入海处的冲积平原面积较大。海积平原由沿海岸带海流携带大量物质堆积而成，地貌上构成海积平原、沙堤和湖泊。环岛平原在地区分布上，琼北有文昌海积平原，琼西北有王五—加来海积阶地平原，琼南有琼海—万宁沿海平原和陵水—榆林沿海平原，琼西有南罗—九所第四系滨海平原。

海南岛土壤的水平地带性不明显，地带性土壤为砖红壤。因海南岛地势中间高、四周低，无论成土条件，或是土壤分布，均以中南部山地为中心向四周递变。土壤分布受地形影响极为明显，全岛土壤分布成若干个同心圆，围绕中部山地依次分布：最外环圈是围绕全岛近代滨海阶地分布的滨海沙土，其海拔高度仅在 1 米以内；次外环圈为地带性土壤——砖红壤，主要分布在阶地、台地和海拔在 350 米（或 400 米）以下的丘陵。由于岛北部沿海有较宽的阶地、台地和丘陵，因此，岛北部土壤分布的环带较宽。岛南部因山地位于正中而偏南，甚至直逼海岸，土壤的环带较窄。岛中南部山地为黄壤，其海拔在 400 米以上。

海南岛众多大小河流，从中部山区或丘陵区向四周分流入海，构成放射状的海岛水系。全岛独流入海的河流 154 条，平均每条河流的集水面积只有 220 平方千米。其中，集雨面积大于 100 平方千米的有 39 条，占全岛面积的 84.4%；集雨面积小于 100 平方公里的河流 115 条，只占全岛面积的 15.6%。主要河流有南渡江、昌化江和万泉河，流域面积分别为 7033、5150、3693 平方千米。三大江河流域面积占全岛面积的 47%。流域面积在 1000—2000 平方千米的有陵水河和宁远河。流域面积在 500—1000 平方千米的河流有：珠碧江、望楼河、文澜江、北门江、太阳河、藤桥河、春江和文教河。南渡江发源于白沙县南峰山，斜贯本岛北部，流经白沙、琼中、儋州、澄迈、屯昌、定安、琼山，至海口市入海，全长 334 千米，总落差 703 米，流域面积 71765 平方千米，100 平方千米以上的支流有 19 条。西昌水为南渡江最大支流，长 257 千米。昌化江发源于五指山西北部，横贯海南岛西部，流经琼中、保亭、乐东、东方，至昌化港入海，全长 231 千米，总落差 1270 米，流域面积 5070 平方千米，100 平方千米以上支流 10 条。通什水为最大支流，长 61.8 千米。万泉河发源于五指山风门岭，流经琼中、万宁、屯昌、琼海，在博鳌港入海，全长 163 千米，总落差 523 米，流域面积 3683 平方千米，100 平方千米以上的支流有 8 条。其中定安河为最大支流，长约 88 千米。

综上所述，海南岛的地质情况多样，自然资源丰富，这些条件都为开展海洋康养提供了充足的物质基础。

（二）海南的海洋文化资源

海南岛海域面积约 210 万方千米，约占全国海域面积的三分之二，相当于海南岛陆地面积的60余倍。其海洋资源极其丰富，热带海岛景观是海南岛的一大特色，海岸线狭长，拥有开发成为世界规模康养旅游基地的潜质。海南岛港湾众多，多数海湾具可开发性，有利于海洋旅游开发。

丰富的海洋资源使得海南岛形成独特的自然文化资源，海南省的海洋文化资源依托于海南海洋自然文化以及人文资源文化。首先，海南的海洋生活文化独特，海南的原住民经过一段漫长的生活实践形成了特有的生活方式，这一特色吸引着众多的游客前往体验；其次，海南拥有独特的民俗文化，包括天妃信仰、妈祖文化等，这些民俗文化不仅影响着海南居民的生活方式，也对海南的文学艺术作品产生了影响，例如已经开发完成的南山寺佛教旅游文化就吸引了大量的游客。

这些丰富的人文资源为开展海洋康养提供了充足的精神基础。

（三）海南海洋康养资源优势

康养活动对于自然资源的依赖性较强，自然资源与产业资源的结合是设计开发康养产品的基础。海南岛四面环海，独有热带海岸带景观，环岛海岸线长1618千米，沙岸占50%~60%，沙滩宽度从百米至上千米不等，主要有海滩、滨海水体、深海水域等资源。海南阳光资源充足，每年多数时间都可进行海浴、日光浴、沙浴、潜水等各种海上运动，此类康养活动对气候条件要求高，海南康养条件的优势格外明显。此外，海南省拥有丰富的温泉康养资源，海南现有温泉资源30余处，分布广，是全国温泉点密度最高的地区。截至目前，已开发的温泉度假区风格多样，温泉水质类型丰富，多数温泉矿化度低，温泉温度在30~90℃之间，温泉水量大、水质好，一般都具有疗养功效。不仅如此，海南还拥有丰富的森林资源，热带雨林、季雨林等多处原始森林保存完好，森林类型众多，是海南省独一无二的自然特色。海洋康养活动与森林康养活动相结合，效果更佳；海南的森林覆盖率高，森林覆盖面积达全省的60%，拥有不同海拔的森林及含氧量不同的山林、海拔大于1000米的山峰81座、国家级森林公园8个、省级森林公园17个，其中霸王岭国家森林公园、尖峰岭国家森林公园、蓝洋温泉国家森林公园等入选国家森林康养旅游基地试点名单。海南省还拥有丰富的食药资源，被称为天然药库，具有药用价值的植物众多，在《全国中草药汇编》中被记载的药用植物，海南约占1100种。《中国药典》中记载的有135种，常用中药材250余种，其中海南最著名的几味药材包括：槟榔、砂仁、益智、巴戟，另外动物药材与海产药材品种良多，这是海南康养的独特优势。康养活动的开展离不开风俗和文化。海南省拥有众多的少数民族，少数民族是海南人口的重要组成部分，少数民族文化使海南省地方性文化浓厚，其中黎族和苗族拥有 21 项国家级非物质文化遗产，部分区域保持着原始的生活模式，地方饮食文化也极为推崇健康养生理念。

若按照康养活动依靠的自然资源类型进行划分，海南的康养资源包括气候康养、海洋康养、温泉康养、森林康养及食药康养，这几个康养资源具备明显的优势和潜力，海南可谓是发展康养产业的一方沃土。

二、青岛发展海洋康养的资源优势概述

（一）青岛的气候地形条件

青岛是一座位于山东半岛东南部沿海、胶东半岛东部、拥有 11 282 平方千米的滨海岛城，被誉为黄海之滨的明珠。地形以丘陵为主，具有显著的海洋性气候，气候温暖湿润，四季分明，历史文化浓厚，海洋自然景观、海洋康养资源丰富。青岛作为山东半岛的重要滨海城市，凭借优越的地理位置，拥有丰富的海洋景观资源，有着 1.22 万平方千米的海域面积和总长为 816.98 千米的曲折海岸线（含所属海岛岸线）；拥有众多的海湾和海岛，其中包括唐岛湾、栈桥湾、胶州湾、汇泉湾等面积大于 0.5 平方千米的海湾 49 个，拥有海岛 69 个，总面积为 13.82 平方千米，海洋资源非常丰富。因湿润凉爽的显著海洋性气候，其成为炎热夏季的避暑之地。

（二）人文资源

青岛作为国家级历史文化名城，拥有闻名国内外百余年的历史文化底蕴，有着丰富多彩的海洋文化资源，曾是东夷海洋文明的故乡，也是春秋时期"海王之国"齐国要地，近现代又是最先发展的海洋文化旅游城市之一。除此之外，青岛不仅是名副其实的滨海产业城、海洋文化城，更是海洋科技城，青岛建有以"中国青岛蓝谷、海洋科技新城"为目标定位的青岛蓝色硅谷核心区和众多著名的海洋科技创新研究基地，这些都为青岛发展海洋康养文化旅游业提供了坚实的科技支撑和技术保障，为青岛带来了巨大的经济效益。青岛作为全国首批沿海开放城市和山东半岛蓝色经济区规划核心区域龙头城市，是山东乃至全国重要的滨海新一线城市。红瓦绿树、碧海蓝天作为青岛滨海城市永恒的符号，凭借其优越的地理位置，每年吸引着大量的国内外游客到此观光度假，使海洋旅游业成为青岛旅

游业的龙头。青岛海洋人文旅游资源丰富，海洋人文旅游活动繁多，如青岛滨海酒吧文化节、青岛国际海洋文化节、青岛国际沙滩节、青岛国际啤酒节、田横祭海节、金沙滩音乐节、青岛国际海洋节等海洋文化旅游节庆活动；还有著名的青岛栈桥、青岛崂山、青岛五四广场、青岛大乳山、八大关、青岛奥帆中心等人文旅游景点，青岛崂山作为滨海文化旅游的代表，不仅是著名的国家风景名胜区，还是中国道教文化发祥地之一和青岛滨海文化与旅游交叉融合发展的典范。从文化发展脉络上看，青岛受历史影响，道家、齐鲁文化多元交叉融合，历史沉淀也使得青岛人文特征表现出与闽、粤、琼、江、浙等滨海地区显著不同的地域特色。

青岛众多的海洋人文资源优势明显，可以将蓝色滨海旅游和海洋文化两者密切联系起来，继续发展具有青岛特色的滨海康养活动，打造青岛独有的海洋康养模式。

（三）青岛海洋康养资源分析

发展海洋康养的关键是需要优质的滨海生态景观资源。青岛地理位置优越，不仅拥有丰富的海滩、海湾、海岛景观和悠长的海岸线景观等滨海资源，还蕴藏着湿地、温泉、食药等资源，这些丰厚的资源都为青岛发展海洋康养产业奠定了重要的物质基础。青岛目前已经成型的特色康养业态包括：沙滩康养、温泉康养和海岛康养。

1.滨海沙滩康养资源

研究表明，海水中蕴含的多种盐类可促进身体代谢循环，通过刺激毛细血管的舒张收缩来减轻高血压患者的病情；海浪拍打冲击产生的冲击力、压力等作用力能提升心肺功能；海水、沙滩浴可以使人体中枢神经系统建立自然景观优势位，从而抑制疾病位，进而减弱神经兴奋性，防治自主神经系统紊乱失调，还可增强人体内酶的活性，有效改善体内的物质代谢。使用过于专业的词汇并不容易让普通人理解，直白的表述就是滨海沙滩的康养活动对身心减压、保健效果显著。青岛三面临海，海平面辽阔，作为全国首批沿海开放城市，对滨海旅游资源的开发处于全国领先地位，拥有以沙滩和海湾为特色的丰富海洋自然旅游资源，例如无泥沙淤积的胶州湾、丁字湾、崂山湾等。这些海湾除有观景作用，还开发出众多可供居民、游客游泳和海水浴的人工海水浴场，如汇泉海水浴场、石老人海水浴场等。青岛沙滩沙质柔软细腻，其中被称为"亚洲第一滩"的金沙滩尤为著名，这为进行沙滩浴和海水浴（在天然海水中冲洗、游泳、浸泡的健身防病养生活动）

提供了优质的自然场所和舒适的气候条件。

2. 温泉康养资源

青岛位于蕴藏丰富地热资源的胶东半岛，处于"即墨—郭成"断裂束以及"青岛—海阳"断裂束，因断裂交汇构造破碎带处易发生地下水上涌现象的缘故，青岛受地质板块构造的影响易形成天然温泉。从整体上看，青岛的温泉资源分布具有广泛性和集中性，北至平度、南至西海岸均有覆盖，集中分布在青岛北部即墨及其周边地区，较为著名的是即墨地区独一无二的海水溴盐温泉，每日最大地热水开采量可达1000立方千米，居青岛市温泉资源的日可供开采量之首，形成了以温泉特色而闻名中外的温泉镇。受独特地质构造的影响，青岛市温泉以中高温和高温为主，其中较为独特的即墨温泉镇水温可高达93℃。青岛市地质结构复杂、岩石种类繁多，温泉中蕴含的化学成分种类繁多，其中，青岛的溴盐海水温泉中含有很高的氯化钠、钠、溴物质，同时还含有钙、锰、锶、镁、锂等30多种对人体健康有益的微量元素，具有独特的理疗养生保健价值，丰富的温泉资源和多类有益的微量元素为青岛开展养生、保健型温泉康养旅游提供了重要的物质条件。随着人们对养生保健重要性的认识不断提高，以健康为主题的疗养度假旅游模式深受追捧，城市近郊的温泉康养业态发展良好，温泉康养也成为青岛康养产业中的重要组成部分。

3. 海岛康养资源

青岛拥有海岛69个，总面积13.82平方千米，其中10个海岛有固定居民居住，灵山岛和田横岛面积较大，有一定的土地可利用空间条件进行规模化的海洋康养规划建设。目前青岛的海岛康养旅游活动主要包括生态型海岛观光和大众型海岛康养度假两类。生态型海岛观光旅游活动主要吸引年轻人；海岛康养度假活动主要以海岛渔村或海岛度假村为载体，以中老年人为主要人群，主要是远离都市，隔离体验海岛悠闲、舒适的生活氛围和特有的海岛文化景观，借助沙滩、阳光、海水等海洋资源，在此充分放松身体、修养身心、缓解疲劳，达到康养保健的效果。

综上所述，青岛凭借独特的海洋景观优势，在已开发的海湾沙滩、温泉、海岛等海洋资源基础上，继续挖掘更多的海洋康养资源，特别是探寻康养活动与海洋景观的联系，将海洋康养、海洋旅游、海洋文化进行多元交叉融合，以建立青岛海洋康养产业的新模式。在"大健康时代"保持特有的海洋文化品牌特色及优势的海洋康养产业的新形式,让集自然滨海景观、康养文化、滨海旅游度假、健康管理、养生保健于一体的新型康养创新产业模式惠及当地居民乃至其他地区的康养体验者,为探索从不同层面实现健康中国2030战略的宏伟目标做出示范。

第二节　湿地康养

　　湿地是生态系统中不可或缺的重要自然资源,其优美而独特的自然环境影响着人们的游园行为和身心健康。中国城市人口密集,很多还达不到患病程度的健康问题,可以通过康养保健活动得到疗愈;湿地公园中所独有的健康因子,对康养人群的疗愈功效明显。现代社会人们的康养需求增长趋势明显,特别是老年养护需求和亚健康人群的舒压减压需求特别旺盛,但目前康养产业发展还不够充分,针对不同气候地形和自然环境的康养技术水平和形式都缺乏创新;伴随着城市建设,在城市周边的湿地公园引进康养机构和服务,让百姓在静谧的湿地里,呼吸新鲜空气,放松心情,开启一种湿地疗养的新体验。

　　游船、观鸟是目前湿地公园中常见的活动项目,在湿地公园中规划好漫步游览路线,划船至芦苇丛中饱览各种鸟类、净化心肺。这里的康养活动项目并不需要有统一的形式,很多成熟的森林康养服务活动和项目,在湿地中也可实现,甚至可以完成的更好,例如林中的赤足漫步改为草甸赤足漫步、冥想打坐可以在湖心船上或者芦苇丛中进行。尽管在湿地中开展康养动态活动受到一定的限制,康养动态活动课程有所欠缺,但是静态与微动态活动还是比较适合的,这需要从康养服务角度出发,根据场地条件进行调整和设计。湿地公园的自然资源丰富而独特,日后能形成湿地康养新业态。

　　下面以湿地资源较为丰富的黑龙江省为例,概括发展湿地康养的情况:

一、黑龙江省湿地资源总体概况

　　黑龙江省是我国湿地资源最丰富的省份之一,全省湿地面积556万公顷,占全国湿地总面积的1/8,主要有沼泽、河流、湖泊和人工湿地四种类型,其中沼泽湿地面积427万公顷,河流湿地75万公顷,湖泊湿地35万公顷,人工湿地19万公顷(图5-1)。在区域分布上,湿地主要分布在三江平原、松嫩平原和大小兴安岭地区,其中,三江平原湿地面积91万公顷,松嫩平原湿地面积198万公顷。

全省已经建立138处湿地自然保护区，72处湿地公园和9处湿地保护小区，加上市（县）没有建立保护形式的一般湿地，共有20448个湿地板块，其中单个湿地面积大于20000公顷的共有13个，主要是兴凯湖的大湖湿地、大沽河湿地、南瓮河湿地、尼尔基水库、扎龙湿地等。

图 5-1 黑龙江湿地

二、黑龙江湿地康养小镇发展项目

湿地康养小镇是将健康、养老、旅游、休闲、文化等多元化功能融为一体，以原有湿地为基础发展建造的特色小镇。湿地康养小镇依据体验者的需求与消费水平，分为森林康养、农业康养、体育康养、适老美容康养、文化康养五个主题模块，实现了与健康相关产业的聚集消费模式。不同模块都有自己的资源特色。

（一）森林康养资源

湿地康养小镇的森林康养项目有三类：首先是林地漫步，即对原有漫步道路进行扩建与修建，以石路和木桥为主，连接林地中各处优美景观；注重途中休息观赏设施的完善，多设置休息座椅及观景凉亭，设计元素中多加入古典建筑元素，营造古朴、古韵的文化氛围，让游客在林地中漫步，获得精神上的愉悦和身体上的放松。其次是森林茶寨，即以树屋形式出现的主题茶寨，供游客休息、游玩；外形以原生木材搭建而成，内部装饰具有较强的丛林气息，与林间景观融为一体；

茶寨内茶叶全部使用纯天然、原生态茶叶，口感香醇甜美，并设有茶文化专区，让游客在休息品茶之余了解茶文化。再次是林间木屋，即在树林间建立木屋民宿，可依山而建，也可依树而建，用稻草编制草垫做屋顶，以百年古板为墙，再用大面积的飘窗把山风、阳光引入房间，房间风格朴素简单，以原木色为主，多为原生态风格；各个民宿屋内风格建设有所区别，既可给予游客更多选择，也可以促使游客二次预定。

（二）农业康养资源

湿地康养小镇的农业康养资源包括休闲农场、水果种植采摘园、有机食品康养餐厅。休闲农场是以大片农作物种植、花海种植为主，以牛羊养殖为辅，给予游客悠闲田园生活的感官体验。农作物种植可供给小镇餐厅，也可向游客出售预定；花海种植以观赏为主，供游客拍照留影；牛羊养殖是为给游客提供与动物接触的机会，游客可以借喂食、挤奶、喝奶的活动，体会农家牧场的生活。DIY水果种植园、采摘园是指果园中的水果种植，基于现代农业科技水平实现一年四季轮流开放，果子颜色各异，有无花果、石榴、草莓、葡萄、山楂、油桃等十余种果树，并且设置体验DIY种植活动，提升游客参与度，以便游客采摘、购买。同时这里也是丰富的自然教室，果树按种类分区种植，并有看板解说其特色和成长过程。康养有机餐厅的建筑材料以玻璃为主，透明化的视觉效果让游客在吃饭休闲之余依旧能欣赏小镇风景，将身心体验与自然观赏合二为一。餐厅的原材料全部使用有机蔬菜与小镇内饲养的牛羊，菜品原材料中完全不含化肥、农药，并且饮品也由果园内的果子酿造，甘醇甜美，一口留香。

（三）体育康养资源

湿地康养小镇的体育康养资源包括山地运动、湖边垂钓、冰雪运动。其中山地运动是依托湿地山林旅游资源针对不同年龄层次体验者进行设置的，已经建设了环山栈道、环山旅游公路、骑行公路等观光康体环道，并开设了登山、攀岩、滑翔、热气球等低空体验项目（图5-2）。同时针对青少年推出了丛林生存探险等亲子活动，在其中可进行游学体验、寓教于乐。另外，可在小镇内打造具有影响力的国家级、省级精品体育赛事，吸引游客观光，提高小镇知名度。湖边垂钓是以湿地原有湖水资源为基础建造人工湖，人工湖设有专门安全管理人员看管，提高游客安全度。湖内养殖各种鱼苗，设有垂钓区，旁边放有鱼饵，游客可进行投喂、垂钓，湖周围设立鱼类学习牌，介绍湖中鱼类的体态形状、生存环境，使游客在垂钓中观赏，在观赏中学习。冰雪项目是指利用黑龙江冬季的冰雪资源来进行的康养活动，冬天的小镇缺少了一份绿意盎然，但却多了冰雪的魅力；冰雪资源是北方特有的气候资源，冬季的小镇可以看冰灯、观冰雕、赏雪景、玩冰滑梯、雪爬犁、开展滑雪、冰壶、冬泳等冰雪运动。小镇的冬季虽然天气寒冷，但是却能使游客的身体热、心里热。

图 5-2　黑龙江康养小镇

（四）适老美容康养资源

黑龙江的适老美容康养资源包括疗养院、美容院、中药温泉浴。其中，疗养院采用无障碍的适老化设计，根据不同的老年人需求进行私人订制服务、管家服务，包含老年公寓、社区卫生院、老年护理院、宜老餐厅、老年大学等配套设施，另有传统洗浴、康体娱乐、营养配餐等特色服务。社区内有以老年专科为特色的社区诊疗机构以及专门的护理院，与当地三甲机构对接，常见病痛可前往治疗，并开通 VIP 绿色通道进行救治。美容院则设有多元化的先进美容仪器，采用完善的管理模式，提供专业的美容师、健康师、瘦身教练，与国内、国际大型美容院对接学习。主要服务项目包括美容、瘦身、桑拿、足疗、香薰、SPA 水疗、养生、推拿按摩、光子嫩肤、形象设计等专业服务。中药温泉浴是将传统中药与温泉结合，再根据每个人的不同体质，调配出相应的中药内服外用，同时辅助针灸理疗、推拿、康复等各种治疗方法，形成一整套中药温泉系统疗法。它对改善患者体质、预防和治疗各种慢性病以及对神经系统疾病患者的肢体功能康复都有很好的疗效。

（五）文化康养资源

文化康养是指将黑龙江当地文化与康养相结合的一种模式，在康养小镇建有冰雕馆与戏剧园，展示内容包括冰雕戏剧、风土人情、龙江精神等。冰雕是中国北方的民间艺术，是以冰块作原料，用雕刻工具将其雕刻成立体形态，供人欣赏。冰雕馆室内温度保持在零下5℃左右，保证一年四季到来的游客都可以欣赏冰雕艺术展品。戏剧园的演出剧目以二人转、龙江剧、皮影戏等本土戏剧为主，传播与弘扬黑龙江本土戏剧，为游客提供丰富的夜生活。民俗展示和体验方面，康养小镇设置的风土人情会馆，还原满族人的生活环境与生活习俗，将黑龙江人在过去的"关东三大怪"："窗户纸糊在外，大姑娘叼着个大烟袋，养活孩子吊起来"，还原展示给游客，同时还能品尝黑龙江的特色美食，欣赏扭秧歌、踩高跷、动手包饺子、剪窗花，体验黑龙江的特色风土人情。小镇设立龙江精神展馆，展出龙江先进事迹，以话剧、评剧、故事陈述等艺术形式对龙江事迹进行传唱，将"爱国和奉献"的龙江精神永久流传下去。这些文化资源都可以设计开发成康养体验活动。

第三节　草原康养

草原是我国最大的内陆生态系统，是畜牧业发展的重要资源，也是一个天然药材宝库。据估计，在我国天然草地中，药用植物不下千种，著名的有甘草、黄芪、防风、柴胡等，这些常见的中草药在草原几乎俯拾即是；而锁阳、冬虫夏草、雪莲等名贵中药，也分布于天然草原之中。冬虫夏草主要分布于海拔2800米以上的高寒草甸上，是具有奇异功效的中药材，还是传统出口的珍品，具有保肺益肾、补精髓、止咳化痰、滋补益寿、爽神明目的功效。天然草地上的野菜、野蘑菇等野生植物，大多都具有极高的营养价值，特别是维生素含量高的野生植物，不仅风味独特，而且具有药用功效，食疗兼宜。草地野生蔬菜植物资源种类很多，如沙葱、百合等食材，它们大多生长于未受污染的天然草地，作为绿色食品开发很有前途。草原多是少数民族的聚居区，近几年响应国家号召，各省地区进行自然植被恢复，四大天然草原景色优美，民族文化特色浓郁，吸引了很多游客，这些物产、景观和文化资源为发展康养产业提供了基础和保障，但是，目前草原康养服务系统还比较欠缺，所以有必要针对草原环境开展康养服务的可能性和可行性进行专门的剖析和研究。下文以甘南州为例，进行概述。

一、甘南州总体概况和草原文化建设

甘南州位于甘肃西南部，地处青藏高原东北部边缘，甘肃、青海、四川三省交界处，总面积4.5万平方千米。下辖七县一市（夏河县、碌曲县、玛曲县、临潭县、卓尼县、迭部县、舟曲县、合作市）。合作市是甘南州地处甘、青、川交界处的藏区中心城市，是甘南州政治、经济、文化中心及交通枢纽，目前正在充分利用它的区位优势，建设"高原生态旅游商贸城市"，以加快发展旅游业为突破口加快经济建设，缩小城乡差距。按照"大旅游、大发展、大产业"的发展思路，合作市把旅游业放在主导产业地位，全力打造香巴拉旅游品牌，重点建设"一区一节两点三线"的特色旅游，塑造"全域无垃圾、文明伴我行"的金字招牌，动员全民自觉讲卫生，爱草原、爱家乡，启动创建"中国优秀旅游城市"的活动，促进了以生态旅游为主的第三产业迅速崛起。

甘南州境内旅游资源非常丰富，自然风光绚丽多彩，人文古迹众多，因少数民族聚居而风土人情特色明显。但是，甘南州旅游业起步比较晚，经历了从无到有、从弱到强，不断丰富和开拓发展的过程。随着西部大开发战略的实施和产业结构的调整，甘南州的旅游业得到全面开放，确立了旅游业的主导地位，甘南旅游业得到迅速发展，草原生态文化旅游逐渐成为甘南地区的特色品牌，特别是以"九色甘南香巴拉""中国的小西藏，甘肃的后花园"为宣传主题，加大力度进行基础设施建设，从软、硬件方面打造草原文化品牌，不断改善食、住、行、游、购、娱等旅游"六要素"，不断提升旅游服务水平。2000年以来，以甘南州首府合作市为中心，以当前大草原独特的地势特点和优美的草原风光为依托，连续举办了五届规模空前的"中国甘南香巴拉旅游艺术节"。2019年7月，又成功举办了"第四届丝绸之路（敦煌）国际文化博览会和第九届敦煌行——丝绸之路国际旅游节"，以其独有的甘南民族文化内涵和地方民俗风情以及极富有青藏高原地域特色的草原自然风光，吸引了大量的国内外游客来观光旅游，极大地提高了甘南旅游的知名度以及旅游经济收入。

以上软、硬件建设和品牌建设为进行草原康养产业的萌芽和发展奠定了基础。

二、甘南州的主要自然资源

全州可利用草场面积大约三四千万亩,自然载畜能力高、耐牧性强,是甘肃省主要的畜牧业基地。州内地毯式连片的天然草原是甘南旅游独具特色的优美风景线,"天苍苍,野茫茫,风吹草低见牛羊"是大草原的壮美景色的写照,也是生活在喧嚣城市的人们向往的地方(图5-3)。美丽的格桑花草原—桑科草原,就坐落在甘南州夏河县,是蜚声中外的旅游胜地。夏秋的草原,天高云淡,碧草连天,流连忘返;玛曲草原位于甘南州西南部的玛曲县,黄河在甘南境内流程达433千米,形成秀美绝伦的"九曲黄河第一湾",它以一种大度的姿态、平和的心态表现了黄河精神"宁静致远"的诗画之美。沿黄河两岸草地平坦,孕育了众多滩地草原,形成辽阔草原的豪放壮美景观。另外,还有碌曲的国家级自然保护区尕海—则岔,临潭的国家森林公园—莲花山,卓尼的"小九寨"—大峪沟,迭部"石匣子"—扎尕那,舟曲"神仙喜爱的地方"—拉尕山等。州内草原与江河、胡泊、高山、石林、峡谷、森林等交相辉映,形成了独特迷人的自然风光。开阔的草原疗愈潜力巨大,是开展草原康养活动的必要基础条件。

图 5-3 甘南草场

三、甘南州的文化康养资源

甘南州总人口约 613 182 人,其中藏族人口约 297 929 人,占全州人口的 48.5%,还有汉、回、蒙、土等其他十几个民族。藏族是甘南的主体民族,浓郁的藏族风情和神秘的宗教文化是甘南州旅游的另一特色,境内较完整地保存了藏族传统的游牧文化、佛教文化和民俗文化。坐落在大夏河畔的拉卜楞寺雄伟壮丽，奇异的佛教艺术瑰宝和盛大的佛事活动，吸引着虔诚的信徒和中外游客，特别是以拉卜楞寺为主的各大寺院的晒佛节、酥油灯会、大法会、藏戏等藏族宗教活动，形成了神秘的宗教文化，每逢盛夏，又有各民族人民齐聚草原的香浪节、赛马会和民族运动会等。由于长期多民族文化的融合与发展，使得甘南的节日、婚嫁、服饰、饮食等方面兼容八方精华，形成了独特的多民族旅游风情线，民俗文化多彩多姿。人们在茫茫草原、悠悠天地间放声歌唱，跳着欢快的锅庄舞，展露出无拘无束的天性，这种真正意义上的回归自然、返璞归真，吸引着众多旅游者，也是疏解压力的良好途径。

甘南州是我国十个藏族自治州之一，历史悠久，它是古丝绸之路和唐蕃古道的重要组成部分，也是汉藏文化的结合部。早在新石器时代，在三河一江流域就已经有人类开发这块土地，随着历史的发展，"丝绸南路"的开通，民间的茶马交易促使民族间的交流逐渐频繁起来。三河一江流域蕴藏着丰富的文化遗存，现尚保存较好的有汉羌、唐蕃边塞重镇、汉白石县旧址、甘加八角城堡遗址、桑科古城、汉零王国天子珊瑚城遗址、砖瓦窑遗址等各类古迹；还有红军长征胜利的"门户"天险腊子口战役遗址、著名的中央政治局俄界会议及茨日那村毛主席居、苏维埃政府遗址等。这些遗迹承载着厚重历史沉淀的人文景观，吸引着大量的游客，是甘南州人文旅游资源的重要组成部分，也是开展康养服务和周边衍生文创的优质资源。

草原康养在草原康养活动（骑马、漫步等）、文化体验（少数民族文化体验、手作课程）和健康食材（采摘、食疗）等几个方面开展康养服务设计，潜力巨大。

第四节 沙漠康养

沙漠是指沙质荒漠化的土地，地球的陆地部分有三分之一是沙漠。因为缺乏水源，一般人认为沙漠荒凉无生命，有"荒沙"之称，和别的区域相比，沙漠中的生命体确实不多，但沙漠中藏着很多动物，尤其是晚上才出来的动物。近几年随着国家政策引导和支持，沙漠旅游业的发展也得到社会的认可，经过越来越多的游客体验与宣传，形成了良性循环，沙漠周边百姓的社会生活水平稳步提高，特别是发现沙疗对于一些皮肤病、风湿、关节炎等疾病有很大的帮助之后，沙漠地区出现特定的养生人群，于是沙漠疗养成为这一类地区的重要康养活动之一。

与前几种康养类型不同，在沙漠中开展康养活动难度大，对自然环境的要求十分苛刻，对康养活动的保障要求就显得十分重要。我国适合开展沙漠康养的地区一般都距离城市较近，并且有充足的水源保障和生活物资供给。目前发展较好的有腾格里和阿拉善盟这两个地区的沙漠区，这些地区的沙漠旅游是在防沙治沙工程中逐渐形成的，未来发展沙漠康养产业已经具备了前提条件。

一、腾格里沙漠康养资源概述

腾格里沙漠是中国距离城市中心区最近的沙漠，距中卫机场仅 22 千米，也是全国唯一同时靠近铁路干线和公路国道的大沙漠，交通条件便利，具有发展旅游的区位优势（图 5-4）。依托腾格里沙漠和黄河的气候地形条件，目前已建成"南岸""西坡""大乐之野""墟里""飞鸟集"等品牌民宿，中卫南岸半岛的"宿集"是 2019 年的网红民宿之一；除了这些民宿为旅游康养等体验经济模式提升品质以外，还引进了文化和餐饮配套项目，包括先锋书店、借宿好物文创店、杂货铺（左靖的供销社）、美术馆、咖啡馆、茶室、面包房、手抓羊肉铺、地方特色餐厅、居酒屋（大乐之野的"野有酒"）、异域餐厅以及漂浮在黄河中的游泳池、温泉浴池等。由于单体的乡村民宿往往体量小，抗风险能力弱，议价能力较低，难以实现稳定的可持续经营，也很难做到连锁化扩张，"黄河·宿集"选取"民宿集群"的模式恰好能解决这一痛点。迎合了地方经济发展的需求，为区域旅游市场提供综合性的解决方案，民宿集群展示了当下民宿行业的发展趋势与未来走向。但是，从长远来看，仅仅是住店和看风景，不足以持续促进当地的发展，还需要丰富和提升沙漠体验活动的形式、充实沙漠康养的内涵，提升沙漠康养服务的品质。

图 5-4　腾格里沙漠景区

二、阿拉善盟沙漠康养资源

阿拉善盟位于内蒙古自治区最西部，总面积为 268 461 平方千米，占内蒙古自治区总面积的 22.8%，为全区面积最大的盟。西南相连甘肃省，东南毗邻宁夏回族自治区，东北接壤巴彦淖尔盟、乌海市，北面与蒙古人民共和国交界。阿拉善盟为了改变长期经济落后的状况，开发利用好区内的自然资源，特别是独特的沙漠资源，当地政府正加紧开发沙漠旅游，定位于"中国秘境阿拉善"，旅游观光将成为重要经济产业。阿拉善盟境内的巴丹吉林、腾格里、乌兰布和三大沙漠统称阿拉善沙漠，总面积为 78457 平方千米，居全国第二位、世界第四位。腾格里沙漠位于阿拉善左旗西南部和甘肃省中部边境，东抵贺兰山，南越长城，西至雅布赖山，总面积约 4.27 万平方千米，是中国第四大沙漠。它以多淡水湖泊、湖盆绿洲著称，水源条件很好，大小湖盆达 422 个之多，是我国拥有湖泊最多的沙漠，也是世界上拥有沙湖最多的沙漠，主要特点是沙丘、湖盆、山地、残丘及平地相互交错。腾格里沙漠地质公园的规划范围集中在阿拉善左旗的东部区域，以腾格里沙漠为主体，东以贺兰山山脉为界，北至敖伦布拉格苏木，南至阿拉善盟左旗。沙漠地质公园园区包括腾格里沙漠、吉兰泰盐湖、敖伦布拉格峡谷 3 个景区，总面积达 347.1 平方千米。

这里已经受到社会关注，特别是设计界，在助力治沙的同时，挖掘沙漠资源的潜能。比如，北京光华设计发展基金会的"地球公民子基金"于 2019 年 7 月 5 日在内蒙古阿拉善盟左旗的蚂蚁森林 174 号林地正式启动，致力于推动设计思维在绿色设计、可持续发展、组织设计和社会创新等领域的应用。如图 5-5 所示，XXY Innovation 创始人辛向阳教授，源辉林牧、万辉集团董事长原树华先生，拓路士董事长黄飞先生以及光华设计发展基金会授权代表孙轶先生共同为光华设计发展基金会"地球公民子基金"揭牌，该基金将成为推动马兰湖公益治沙项目的强大助力。

图 5-5　光华设计发展基金会"地球公民子基金"揭牌

从 2011 年 4 月，原树华先生注册成立"阿拉善盟源辉林牧有限公司"，经过 8 年的时间，从"零敲碎打"的治沙模式，到现在规模化、工程化的治沙造林，现在 20 平方千米的沙漠几乎全部种上了植被，种植植物总体成活率达到 70%。此外，"马兰湖沙漠梦想公益排球赛"也是设计师精心策划的沙漠康养和挖掘沙漠资源的宣传活动之一，排球赛倡导在沙漠植被恢复和环境治理的基础上，营造合理的社会环境，通过有限度地引入现代生活方式和人类活动，从而更有效地实现生态环境的恢复和持续发展。如图 5-6 所示为"马兰湖沙漠梦想公益排球赛"实况。

图 5-6　沙漠公益排球赛

为进一步探讨沙漠生态环境的恢复和持续发展，XXY Innovation 创始人辛向阳教授在马兰湖治沙基地还组织了以建构沙漠治理新模式为目标的跨行业、跨领域的论坛和 Workshop 工作坊，从而对沙漠新生活方式进行再设计（图 5-7）。

图 5-7　沙漠可持续发展论坛

随着开发者在设施完善的重视程度上不断提高，沙漠康养服务的种类和品质也会逐步提升，除了沙疗以外，还可以拓展沙画、沙漠运动、沙漠冥想等多种项目和课程。

第五节　城市康养

一、城市康养业态发展概况

现代社会人们大多数时间都生活在城镇，特别是城镇化以来，城镇的生活条件、卫健保障、社会福利、餐饮文化等方面的配套资源越来越丰富。由于卫健保障条件和工作需要，城镇居民的康养需求通常还是要在城市中实现的，这就促进了城市康养业态的产生和发展。

城市康养业态的发展模式，目前多是在城市中开发，针对城市用户群体康养需求的项目来实现的。包括健康小镇、康养综合体、康养产业园区、康养度假区、中药旅游示范区、养老社区等。

健康小镇的发展结构是以特色产业的产业链聚集为基础，以服务配套产业的发展为支撑，以产业融合为最终目标。健康小镇纵向打通产业链，向上往研发延伸，向下往应用、营销、管理、服务延伸；横向与旅游、教育、会议等相关产业及配套产业进行广泛融合，实现全产业链聚集。通过全产业链的聚集实现人才、科技、资本、信息等高端要素的聚集，实现健康小镇产业的转型升级与创新体系的建立。配套产业和服务产业将成为健康产业发展的支撑体系，这也是健康小镇真正区别于产业园区，拥有更多"小镇"内涵的关键。

康养综合体，这种模式是以大健康产业与旅游度假产业双轮驱动的区域综合开发模式。这一模式以东西方养生哲学与东西方养生理疗技术为支撑，构建健康产业链与旅游度假产业链两大产业体系，打造延年益寿、强身健体、修身养性、康复理疗、修复保健、生活方式体验、文化体验七大健康主题，形成区域健康的生活方式。康养综合体一般选址在空气优良、环境优美、私密性强的区域，其主要针对追求高生活品质的群体，通过运动健身、心灵疗法、美容养颜、生活方式管理、休闲娱乐、养生度假等完善的养生项目体系打造，塑造区域健康养生的核心主题，使游客获得身心上的康养体验。

产业园区模式是在保健教育、研发、疾病治疗三大核心功能主导下，配套完善机构和行政服务，形成以康养保健为特色的区域开发模式。这一模式依托一定的气候及生态环境资源，重点开发或引进先进的康养设备设施及项目，形成能够满足康养者早期检查、中期治疗、后期康复等全方位需求的产品体系。这一开发模式的特点在于，对于卫生保健的条件、技术、专业人员和服务的要求较高，还须将康养活动与度假结合起来，为康养人员提供相对安静、生态、健康的度假方式，并提供较长时间居住的便利条件。此外，康养教育、研发与康养服务相辅相成，教育与研发为康养服务源源不断地提供人才与技术，康养服务为教育与研发提供资金。在此过程中，区域内逐渐形成教育机构、科研院所、康养机构的聚集结构，并在此结构带动下，实现区域的共同发展。

康养度假区是借助区域内的地势及资源、气候条件，重点打造运动设施、场所，融合康养与度假产业特色，打造集康养、度假、居住、生活于一体的综合开发模式。与普通的运动休闲不同，康养运动要求将健康管理、运动休闲和旅游度假相融合。因此，诸如运用先进的设备和视频分析技术对体验者的运动表现进行分析，并在专家指导下进行科学调整等相关健康服务就显得尤为重要。

食药体验示范区是在政策推动下，以食药旅游示范区为发展引擎的模式成为区域开发的一种重要模式。食药旅游示范区区域开发模式依托特色的食药资源，将其与日常生活的食、住、行、游、购、娱、厕、导、智、商、养、学、福、情、奇、文、体、农等方面的市场需求对接，打造以养生保健服务为核心的体验产品体系，形成以服务企业为实体的示范基地、示范项目，以及形成食药康养产业集群的示范区。

养老社区模式是依托区域良好的生态环境，通过养老社区与城市社区共生模式的打造以实现区域综合开发的目标。养老社区不同于以往的养老模式，要从物质和精神两个层面，通过舒适愉悦的生活环境、人性化的专业服务体系、智能化的专控办事体系、便利性的特色产品体系等多方面共同保证老年人的身体健康；通过良好的人际交往环境、多元的休闲娱乐项目设置，使老年人获得心理上的满足感。养老社区以打造健康老人、幸福老人为目标，针对老年人与年轻群体共同生活、与子女亲密联系的情感需求，构建养老居住与区域社区的共生模式。养老社区的打造，既需要构建旅居度假产品，提供运动休闲、养生、养心、康复治疗的健康服务，以及亲子、亲孙、三代甚至四代同乐的综合休闲度假服务，又需要注重安全无障碍设施设计，关爱老人的日常生活需求。通过文化养老方式，使老年人生活年轻化；以养老社区为核心，区域内最终形成集培训、诊疗、科研、监控、养护、修复、体验于一体的养老产业链，以优化产业结构，提升核心竞争力。

我国城市康养产业是在大健康理念下伴随着健康产业的发展而逐步形成的。在"健康中国"正式成为中国发展的核心理念下，健康产业已经成为新常态下服务产业发展的重要引擎，在国家政策与健康发展趋势下，各行各业纷纷抢先入局，比如：阿里投资 10 亿开办"阿里健康"、腾讯布局医疗 AI 引擎、百度医疗布局连接"医患 + 人工智能"、万达斥资 1440 亿元布局医疗、小米探索大健康数据等。可以预见，在未来 20 年，健康产业必将迎来一个发展的黄金期，大健康时代已全面来临，医疗技术、生态环境、健康资源等方面具有优势的区域，将成为人们追寻健康与宁静的首选之地，大健康产业将成为这些区域发展的重要引擎。大健康引导区域综合开发绝不仅仅是入驻一两个卫生保健和康养机构，提供简单的健康服务，它应该是大健康产业与区域发展融合的典范，包括构建大健康上下游产业链、建设区域发展结构的"产、学、研、城（城市）"一体化发展的示范基地等内容。还需要以大健康产业为引擎，构建"产、学、研、城（城市）"一体化的综合开发架构，在产业链条上，纵向延伸健康科研、健康生产、健康学习三大产业子类；横向上，将健康、教育、旅游、养老、文化、体育六大服务产业融合，形成现代服务业集群。同时，将这一产业集群渗透到区域开发的各个层面，为社区居民及外来健康消费者构建全面一体化的健康生活方式，提高人们的生活质量及提升幸福感，形成完整的城市康养服务体系。

二、城市康养发展遇到的问题

（一）产业链问题

有些康养项目，动辄投资数十亿、占地规模几百上千亩，规模大，设施齐全，业态多，但没有产业支撑，始终没有形成产业链，单独依靠养生度假娱乐，将背离"产业支撑"的根本，经营不久就难以为继。没有产业支撑，就没有长久的生命力。严格来讲，康养项目里的娱乐、餐饮、住宿、购物、度假、商业服务等，都是附加值，都是锦上添花，不是主体，更不是康养的支撑。

（二）宣传推广问题

康养项目一般位于大城市中心范围之外，方圆多少千米内，只有一家康养项目的独门生意也未必好做。事实上，没有完全独立的康养项目，如果周边没有其他吸引人的资源作为依托，就无法持续发展；因此，有效利用社交网络平台营造氛围、推介项目、互动交流、培养感情、适时制造话题引起关注，注重品牌建设、宣传和推广工作显得尤为重要。

（三）同质化问题

目前许多康养项目缺乏规划，多是紧跟流行，全靠抄袭，最后搞得不伦不类。一方面，闭门造车，完全凭自己主观判断进行开发建设，没有主题，没有创意，没有吸引力；更有甚者，完全拷贝某一个盈利好的项目，以为这是走捷径，但最终却有可能丧失竞争力。另一方面，一些规划师，只是把其他康养项目拆零散，再组装成一个新的方案来滥竽充数。这些都会造成康养项目同质化问题。

（四）业态管控问题

当前的康养地产项目、养老养生综合体、康养小镇的项目，不缺规划师、设计师，也不缺施工方、材料供应方，缺的恰恰就是运营高手——项目操盘手。操盘手要做的就是团队建设、日常运营、品牌塑造、持续销售、服务升级、危机公关等工作。一个康养项目从开业运营，到稳步发展，最后实现持续盈利，全靠操盘手带领团队的运营能力。

（五）知识更新问题

这个时代最大的特点就是变化快，新科技、新手段、新形式日新月异。康养项目也面临着前所未见的新形势、新业态、新环境，只有将学习、考察、调研、培训等知识更新工作常态化，方能实现康养项目的持续发展。

（六）对康养的理解问题

康养项目的品质高低，实际上看三个方面，第一个是人护比，第二个是配套比，第三个是人性关怀。康养服务并不是拼硬件的高档，而是拼软件的细节。如果不理解康养服务的真正内涵，仅仅是把重点放在硬件的打造上，就会误入歧途。

（七）成本控制问题

这里的成本分为两个方面，一是康养项目对人力资源的要求高，用工成本高，而且康养基地大多在城郊，相对于远郊的农村用工，成本偏高。再一个就是土地成本，高额的土地成本，必然带来巨大的经营压力。

第六节 康养服务产品化的四化建设

从康养产品需求层面看，一方面，康养服务本身体现了对顾客的身心健康这一核心价值的主张，如希望幽美的环境和宜人的气候、便捷的交通和舒适的住宿、健康的餐饮和友善的服务人员等，另一方面，各个康养基地反映出了差异化的收益管理理念，如更精细化的顾客划分、康养活动的主题和制定策略等。总体上，康养产品可以从以下四个方面更深入地挖掘服务潜力，体现其服务产品价值。

一、产品立体化

在差异化战略上，康养基地选择范围小，除了受限于现有气候地形等自然资源外，不懂得深入挖掘自己产品服务升级的巨大空间将长期制约着康养基地和康养产品的发展。康养基地所提供的服务内容和服务形式，在时间和空间上同样可以挖掘很多价值要素，这些价值要素可以为客人创造价值，成为卖点。比如，根据不同时节、不同地点和自然条件设计康养服务产品。

不同客户群所期望和关注的价值要素是不同的，例如：商务客人更注重利用好年假，学生客人更喜欢享受结伴，女性客人需要更大的认同与理解……可惜的是这些关键的价值要素（产品卖点）甚至在许多最核心的康养服务产品中都没有或无法体现出来，而实际上，如果价值要素被进行立体化开发，所带来的效益将是非常可观的。也有人认为康养产品往往受制于康养基地的气候和自然等硬性条件，不易立体化，而事实上面向不同客户群体的供需匹配本身就足以将康养产品立体化，拿住宿和餐饮的位置来说，可以根据：面山的、近水的、赏花鸟鱼虫的、观才艺表演的等静态要素进行设计，还可以根据远离儿童婴儿、靠近朋友家人等相对动态的价值要素进行设计，这些要素是需要结合客户群体和场景进行动态的挖掘和匹配的。

总的来说，康养服务本质决定了康养产品内涵的可扩展性，康养产品的立体化开发就是结合更多的客户群体和场景挖掘或者开发康养服务中潜在的多种价值要素，将这些价值要素作为康养产品的卖点进行统一包装。

二、产品触点化

康养产品的生命周期可以延伸至服务的各个触点。比如：行前阶段的一个触点叫作出行提醒，关键的价值要素可包括：丰富的交通咨询信息、实时的航班动态、接机和送机提醒等；行中阶段的一个触点叫作搭乘，关键的价值要素可包括：准时的搭乘交通工具的提醒、搭乘交通工具位置和搭乘口距离提醒、快速不排队提醒、是否需摆渡等；行后阶段的一个触点叫作行李提取，关键的价值要素可包括：及时的行李位置提醒、快捷的行李提取、可标识的行李排序等。

当然，一个康养产品由于客户群体和场景的需要，通常是不止包含上述三个触点。所以，产品触点化就是要求康养服务产品能从多个触点体现一系列的价值要素。

三、产品场景化

场景是某客人在某时某地可能要做某事的抽象描述，往往和客人的需求和动机密切相关，例如在康养基地的网站上预订一个康养服务产品，然后在行前办理入住，这是我们最常见的大众化场景，其实按照客户群体细分还会有很多更丰富的出行场景，比如无陪伴儿童尝试单飞（无父母陪同）出行参加康养活动的场景，在多触点体现不同的价值要素，就要思考尝试单飞的孩子和家长的不同关注点；

而对于家庭游的客人：在行前可以一次性帮所有人都办理出行准备，安排座位时可以安排在相邻位置，在行李提取时能一次性提取等。

可以看出这种匹配对应的是一个又一个个性化服务场景的集合，同样可以作为一种高价值的康养服务产品进行设计。产品场景化的思路可以基于特定场景从多个触点提炼和体现一系列有侧重的价值要素，从而形成有差异的服务产品内涵。

四、产品价值量化

康养产品本质是服务，服务的品质是可以有差异的，比如：对应进入康养基地办理入住这个触点的价值要素，客人更快捷希望的办理入住，那么如何衡量更快呢，对不同顾客来讲，可以设置一定的排序规则，这就是将某一价值要素进行具体的量化；再比如入住房间这个触点，我们希望为客人提供更宽敞的床铺，就可以量化不同尺寸和级别供客人选择。

产品价值量化是将产品的价值进行了分化输出并制了定量化标准的工作，而具体输出给谁，还应该具体参考旅客价值体系和权益体系。所谓客户群体的价值体系是指某客（群）对康养基地贡献价值水平的整体评估；权益体系是指某客（群）在康养服务体系中可以享有某类权益的约定。比如设计一个积分兑换制度，一名经常购买康养产品客人，其对康养基地的价值可能更高，他享受的优待和权益就会更多。所以产品应产出的价值大小是由旅客价值体系和权益体系共同决定的。

通过产品价值量化，一方面可以把康养产品的品质差异化，将不同的服务品质呈现给不同的客户群体，另一方面还可以有差异化评估相应的服务成本，这样就便于采取更有弹性的定价策略；同时，这样做也可以把新开发的价值要素和既有的服务体系一一对应起来，以便为后续服务的真实落地作保障。

以上结合价值要素、触点、客户群体、场景、价值量等概念提出了康养产品化走"四化"之路的思路，在这个思路下：

一是康养产品可以重新定义为：在某些特定场景，在特定的触点面向不同的旅客（群）所提供的一系列不同价值要素的量化价值的动态集合。

二是康养产品不再是事先由康养基地准备好的标准产品和价位，而是由事先准备好的价值要素按照不同的场景和客户群体动态组建生成的，前者好比去饭店点单，饭店的菜单、菜品、菜名和菜价都是标准固定的，同样的菜品经过标准化的制作，在品质和口感上是没有太大区别的；而后者好比吃麻辣烫，没有菜单，只有食材和作料，按照各自的心情和口味点几个想吃的食材，大厨就会给你做一份成品，没有固定的菜名，价格也不固定，虽然都是麻辣烫，但你吃的和别人吃的可能完全不一样。

三是由于不同康养基地所提炼或者有能力提炼的价值要素不同，在不同价值要素上所提供或者能提供的价值量不同，面向顾客的价值主张所呈现的价值曲线也是不同的，带给客人的体验和品牌认知自然会有差异；此外由于康养产品内涵和外延的扩大，产生了更多成本，康养基地也可以相应摆脱单一基于自然资源成本的定价模式，尝试基于每个顾客所需要的服务成本，来确定定价的模式并提高客单价，借此在价格体系上实现差异化，避免无休止的价格竞争。

参考文献

[1] 原研哉. 设计中的设计 [M]. 朱锷, 译. 山东人民出版社, 2006.

[2] 刘欣. 五感设计理念在中医养生场馆品牌设计中的应用 [D]. 石家庄: 河北科技大学, 2020.

[3] 田星. 论味觉经验的审美特性 [D]. 济南: 山东大学, 2014.

[4] 郭毓仁. 园艺与景观治疗理论及操作手册 [M]. 台湾: 中国文化大学景观学院研究所. 2020.

[5] 李明阳, 刘敏, 刘米兰. 森林文化的发展动力与发展方向 [J]. 北京林业大学学报(社会科学版), 2011, 10(01):17-21.

[6] 戴璐. 味觉对情绪的影响和调节作用 [D]. 昆明: 云南师范大学, 2014.

[7] 庞广昌, 陈庆森, 胡志和, 等. 味觉受体及其对食品功能评价的应用潜力 [J]. 食品科学, 2016, 37(03):217-228.

[8] 石刚. 春节模型的设计与应用 [J]. 统计研究, 2013, 30(01): 87-95.

[9] 李照红, 唐凡茗. 健康中国背景下森林康养旅游研究态势 [J]. 合作经济与科技, 2020(20): 21-23.

[10] 浅议发展森林康养产业的意义及愿景（森林康养征文选登五）

[11] 孙抱朴. "森林康养"是我国大健康产业的新业态、新模式 [J]. 商业文化, 2015(22): 82-83.

[12] 刘照, 王屏. 国内外森林康养研究进展 [J]. 湖北林业科技, 2017, 46(05): 53-58.

[13] 吕燕华. 永春县花卉产业发展方向探索 [J]. 江西林业科技, 2012(04): 51-53.

[14] 张胜军. 国外森林康养业发展及启示 [J]. 中国林业产业, 2018(05): 76-80.

[15] 刘琼. 森林康养产业发展的必然性可行性和路径选择 [J]. 经济师, 2021(02):36-37, 39.

[16] 辛相宇. 森林康养产业推进乡村振兴的途径研究 [J]. 中国林业产业, 2019(Z2):46-51.

[17] 辛向阳，曹建中.服务设计驱动公共事务管理及组织创新[J].设计，2014(05):124–128.

[18]BuchananR.Designing Research and the New Learning[J].De-sign Issues，2001，17(4):3–23.

[19] 周煜啸，罗仕鉴，朱上上.手持移动设备中以用户为中心的服务设计[J].计算机集成制造系统，2012，18(02):243–253.

[20] 罗仕鉴，龚蓉蓉，朱上上.面向用户体验的手持移动设备软件界面设计[J].计算机辅助设计与图形学学报，2010，22(06):1033–1041.

[21] 张乐.网络环境下需求驱动的高校图书馆服务策略研究[J].农业图书情报学刊，2018，30(07):146–150.

[22] 李冬，明新国，孔凡斌，王星汉，王鹏鹏.服务设计研究初探[J].机械设计与研究，2008，24(06):6–10.

[23] 方兴，何继斌，曾铁梅，刘珩.服务设计方法在地铁空间广告设计中的应用[J].设计艺术研究，2016，6(05):1–5.

[24] 移情地图，了解用户需求的利器.[N/OL]https://www.douban.com/note/705757031/.2019(02).

[25] 常世腾.全域视角下红色乡村旅游服务系统设计研究[D].大连理工大学，2020.

[26] 秦岭.论服务产品系统设计[J].科技信息，2013(21):477–478.

[27]It's time to get to first princi plesin service design[J].Richard B.Chase.Man aging Service Quality.2004(2)

[28] 左铁峰.服务设计语境下的产品形态架构研究[J].长春大学学报，2017，27(09):108–112.

[29] 何焱.服务设计理念下文化旅游景区系统性开发研究[J].福建茶叶，2019，41(03):89–90.

[30] 刘丽文.完整服务产品和服务提供系统的设计[J].清华大学学报(哲学社会科学版)，2002(02):39–45.

[31]Hara Tatsunori，Arai Tamio，Shimomura Yoshiki. A Concept of Service Engineering: A Modeling Method and A Tool for Service Design[C]//International Conference on Service Systems & Service Management，2007，1:13–18.

[32]"滨海新区开发"课题组.天津智慧旅游建设的调查与建议[J].求是，2013，(2)：37–39.

[33] 王楠. 面向全域旅游的乡村服务设计研究——以宁波松岙镇为例 [J]. 装饰, 2017(05): 142-143.

[34] 张晴, 娄明, 刘洋, 等. 服务设计视角下乡村旅游创新研究 [J/OL]. 包装工程:1-10[2021-09-21].

[35] 宋瑞波, 孙晓彤. 基于用户体验的莱芜"一线五村"古村落旅游服务设计 [J]. 艺术与设计 (理论), 2019, 2(04):108-112.

[36] 曹净植, 伍海泉. 社会共生视角下的森林康养 [J]. 林业经济, 2020, 42(09):43-52.

[37] 张路, 张永强, 殷美玲. 全域旅游下森林康养基地服务系统设计调研分析——以北京上方山国家森林公园为例 [J]. 设计, 2020, 33(23): 87-89.

[38] 张翔. 基于游客需求分析的森林康养基地规划设计 [D]. 北京: 北京林业大学, 2020.

[39] 张晴, 娄明. 基于服务设计思想的乡村旅游创新策略 [J]. 安徽工业大学学报 (社会科学版), 2019, 36(06):3-6.

[40] 张路, 王姝力. 历史文化乡村旅游产品游客体验影响因素研究 [J]. 装饰, 2018(06):142-143.

[41] 邓晓磊, 罗岱, 李亚旭. 智慧旅游背景下的乡村旅游生态服务系统设计 [J]. 包装工程, 2018, 39(04): 199-202.

[42] 杨艳, 夏潇凌, 夏明珍. 基于智慧软件应用的南京市江宁区乡村旅游服务平台设计研究 [J]. 南京工业职业技术学院学报, 2017, 17(01): 12-16.

[43] 吴兴杰. 森林康养新业态的商业模式 [J]. 商业文化, 2015(31):9-25.

[44] 刘思思, 乔中全, 金天伟, 等. 森林康养科学研究现状与展望 [J]. 世界林业研究, 2018, 31(05):26-32.

[45] 品略图书馆. 森林康养将形成相互融合现代产业集群 [EB/OL].https://www.pinlue.com/article/2020/01/2522/479930, 2019-4-28.

[46] 中国林业产业联合会森林康养分会. 森林康养与健康中国战略 [EB/OL].https://www.chinaforesthealing.com.cn, 2021-06-21.

[47] 一诺农旅规划. 森林康养怎么做? 看看这些国外优秀案例 [EB/OL].https://www.sohu.com/a/341819767_120046640, 2019-09-19.

[48] 森林康养. 国外森林康养业发展及启示 [EB/OL].https://www.sohu.com/a/298899122_99924603, 2019-03-04.

[49] 特色小镇研究院. 森林康养100问 [EB/OL].https://www.sohu.com/

a/303458920_825181，2019-03-24.

[50] 秦红.浅析绿色畜禽生产的发展要素[J].《中国畜禽种业》,2012年04期：1.

[51] 特色小镇研究院.2020年全国森林康养基地试点单位名单（第六批）[EB/OL].https://www.sohu.com/a/431206547_825181，2020-11-12.

[52] 特色小镇研究院.解读森林康养[EB/OL].https://www.sohu.com/a/348754814_825181，2019-10-22.

[53] 高颖,许晓峰.服务设计：当代设计的新理念[J].文艺研究,2014,(06):140-147.

[54] 临风点梦.产品的发展历程[EB/OL].http://blog.sina.com.cn/s/blog_69ff495f0102wgsp.html，2016-03-09.

[55] 龙哩个龙.服务设计起源与发展历程[EB/OL].http://www.woshipm.com/pd/3451909.html，2020-03-04.

[56] 李乐飞.比效率更重要的,是服务思维[EB/OL].https://www.sohu.com/a/447345865_358836，2021-01-08.

[57] NEPO.设计思维与服务设计思维的区别[EB/OL].https://www.jianshu.com/p/eb7ceb98d817，2018-12-21.

[58] 不含酒精.就读（海外）服务设计专业是怎样的体验[EB/OL].https://www.zhihu.com/question/353961971/answer/1308284836，2020-06-29.

[59] Offer君爱设计.服务设计的五大基本原则[EB/OL].https://zhuanlan.zhihu.com/p/71770724?ivk_sa=1024320u，2019-07-01.

[60] 胡飞 编著.聚焦用户UCD观念与实务[M].中国建筑工业出版社,2009.

[61] 胡鸿 主编.中国服务设计发展报告2016：基于现代服务业的中国设计产业研究[M].电子工业出版社,2016.

[62] 宁芳、朱小军、张玉峰 编著.产品服务设计[M].中国海洋大学出版社,2017.

[63] 黄蔚 著.服务设计驱动的革命：引发用户追随的秘密[M].机械工业出版社,2019.

[64] Van der Geer, J.Hanraads, J.A.J., Lupton, R.A. (2010) The art of writing a scientific article.[J]. Sci. Commun, 163: 51–59.

[65] 缪宏,耿国彪.森林疗养 放飞梦想——访国家业局副局长刘东生[J].林业经济,2015（21）：38-41.

[66] Martens D, Gutscher H, Bauer N. (2011) Walking in "wild" and "tended"

urban forests: the impact on psychological wellbeing. Journal of Environmental Psychology. 31:36–44.

[67] 龚梦柯，吴建平，南海龙. 森林环境对人体健康影响的实证研究 [J]. 北京林业大学学报(社会科学版)，2017，16（04）：44–51.

[68] 张小全，侯振宏. 森林、造林、再造林和毁林的定义与碳计量问题 [J]. 林业科学，2003（02）：145–152.

[69] 郭诗宇,汪远洋,陈兴国,汪洋,金天伟. 森林康养与康养森林建设研究进展 [J]. 世界林业研究，2022，35（02）：28–33.

[70] 陈杰，刘笑冰. 基于SWOT分析的森林康养建设提升路径——以北京鹫峰国家森林公园为例 [J]. 农业展望，2020，16(07):100–104.

[71] 侯英慧，丛丽. 日本森林康养政策演变及启示 [J]. 世界林业研究，2022，35（02）：82–87.

[72] 邓三龙. 森林康养的理论研究与实践 [J]. 世界林业研究，2016，29（06）：1–6.

[73] 束怡，楼毅，张宏亮，汪涵. 我国森林康养产业发展现状及路径探析——基于典型地区研究 [J]. 世界林业研究，2019，32（04）：51–56.

[74] 吴后建，但新球，刘世好，舒勇，曹虹，黄琰，卢立. 森林康养：概念内涵、产品类型和发展路径 [J]. 生态学杂志，2018，37（07）：2159–2169.

[75] 王明旭. 森林康养100问 [J]. 林业与生态，2018（04）：37–38.

[76] 朱旻，朱江，艾训儒，郭秋菊，姚兰. 森林康养研究进展与产业发展现状 [J]. 湖北林业科技，2020，49（05）：53–59.

[77] 黄洋，卢海霞，刘颖，苟锐. 国家森林康养基地空间分布特征及影响因素 [J]. 内江师范学院学报，2020，35（10）：114–119.

[78] 潘洋刘，徐俊，胡少昌，等. 基于SWOT和AHP分析的森林康养基地建设策略研究——以江西庐山国家级自然保护区为例 [J]. 林业经济，2019.41（03）：40–44+59.

[79] 刘思思，乔中全，金天伟，王晓明，刘新民. 森林康养科学研究现状与展望 [J]. 世界林业研究，2018，31（05）：26–32.

[80] 胡鸿，郝代涛，白斐然，等. 基于服务设计思维的酉州苗绣品牌升级研究 [J]. 包装工程，2019，40（06）：8–14.

[81] 李善诗. 以游客需求为导向的移动旅游信息服务设计研究——以南京夫子庙为例 [D]. 南京理工大学，2016.

[82] 刘丽佳，田洋，刘思羽，吕洁华. 森林康养基地服务的消费者需求类型研究——基于卡诺模型及顾客满意度与不满意度系数分析 [J]. 林业经济，2021，43（04）：83-96.

[83] 刘志明，王悦霖，江林霖，吕洁华. 森林康养服务功能与消费者需求耦合协调分析——基于黑龙江省三大森林康养基地调查数据 [J]. 林业经济，2020，42（01）：73-80.